U0594652

北京银保监局　指导

北京市银行业协会　北京保险行业协会　编著

中国金融出版社

责任编辑：张清民

责任校对：刘　明

责任印制：程　颖

图书在版编目（CIP）数据

金融伴我成长：大学生版 / 北京银保监局指导；北京市银行业协会，北京保险行业协会编著. —北京：中国金融出版社，2021.10

ISBN 978 – 7 – 5220 – 1343 – 5

Ⅰ.①金…　Ⅱ.①北…　②北…　③北…　Ⅲ.①金融学 — 青年读物　Ⅳ.①F830–49

中国版本图书馆CIP数据核字（2021）第 194138 号

金融伴我成长：大学生版

JINRONG BANWO CHENGZHANG：DAXUESHENGBAN

出版
发行　**中国金融出版社**

社址　北京市丰台区益泽路2号

市场开发部　（010）66024766，63805472，63439533（传真）

网 上 书 店　www.cfph.cn

　　　　　　（010）66024766，63372837（传真）

读者服务部　（010）66070833，62568380

邮编　100071

经销　新华书店

印刷　河北松源印刷有限公司

尺寸　185毫米×260毫米

印张　10

字数　162千

版次　2021年12月第1版

印次　2022年9月第2次印刷

定价　39.80元

ISBN 978 – 7 – 5220 – 1343 – 5

如出现印装错误本社负责调换　联系电话（010）63263947

编委会

编委会主任：徐英晓　陈志强

编委会成员：闫丹薇　邢　露　孙　囡

许源丰　迟　扬　陆秀萍

张阿玲　王　钢　朱世奇

罗　璟　王牧洲　邢宝茹

张　赟　王　斌　金　伟

孙　媛　王　倩　李春龙

白阳光　廖思杰　贾春朋

李　清　逯　洋　张小冬

前　言

习近平总书记指出，金融是国家重要的核心竞争力，金融安全是国家安全的重要组成部分。

金融是现代经济的核心，是国家重要的核心竞争力，是推动经济社会发展的重要力量。金融在现实生活中也与人们如影随形，渗透到我们日常生活的点点滴滴。

当前，金融全球化不断深入、金融创新不断演进，当代大学生生活在一个更加复杂和多元的金融环境中，大学生朋友们要在新时代展现新作为，创造新辉煌，需要熟悉掌握金融知识。

金融是什么？大学生又该怎么学好、用好金融呢？为了搞清这些问题，北京市银行业协会、北京保险行业协会联合清华大学社科学院对在校大学生进行了专项调研，了解大学生对金融知识的兴趣点和需求点，为本书编写打下坚实基础。编写组成员是来自监管部门、行业协会、银行业和保险业机构的专家，他们严谨务实，对本书内容不断斟酌推敲、修改完善，数易其稿。其间，编写组还征求中央财经大学、对外经济贸易大学、北京工商大学等高校专家和在校大学生的意见，可以说本书凝聚了业界、学界的智慧和共识。

全书共有八个章节：第一章带领大学生走进无处不在的金融，告诉大学生金融是什么、我国现行的金融体系、我国金融业的发展与现状；第二章至第六章向大学生介绍丰富多彩、具体实用的银行保险基础知识，告诉大学生

如何做好财务管理、如何正确使用金融产品和服务；第七章围绕消费者权益保护，告诉大学生如何树立自我保护意识，防范金融"陷阱"；第八章警示大学生牢固树立廉洁意识，守住"清廉"底线。

同学们，读过本书你会发现，金融其实一点都不枯燥难懂，而是如此贴近生活、如此有趣实用。总的来看，本书力求突出以下三个特点：

一是聚焦关切、形成体系。本书聚焦当代大学生关切，向大学生传播金融知识、树立金融风险防范意识，有助于大学生全面、立体地认识身边的金融知识，解决遇到的金融问题。

二是贴近生活、实用性强。贴近大学生的实际生活，以场景化、生活化的独特视角，将金融知识娓娓道来，让大学生身临其境学习金融知识，在场景中生动再现金融对生活方方面面的影响。

三是别出心裁、特色突出。融入红色金融史，向大学生呈现我国金融发展史全貌。内容丰富多彩，通过小课堂、案例分析、风险提示等专业板块，帮助大学生掌握基本金融知识，增强金融安全意识。

近年来，北京银保监局致力于推动北京银行保险业聚焦不同群体，着力做好金融知识分层教育，探索构建"金融伴我成长"特色教育宣传品牌，通过教育学生、辐射家庭、带动社会，构建长效金融知识教育体系，更好地维护金融消费者合法权益和金融市场的健康发展。"金融伴我成长系列丛书"，是北京银行保险业丰富金融知识教育的有益尝试，更是金融业担当责任、办好为民实事的重要举措。由于金融领域涉及面广泛、知识更新迭代快速，本书不足之处请广大读者和社会各界批评指正。

本书编写组
2021 年 9 月

目　录

1

第七章　当心别踩"陷阱"

第一章 概 论

什么是金融？

场景描述

　　初入大学，小京和小融在投入专业课的学习之余，还选择了各自喜爱的选修课程。小京一直希望可以深入地了解学习金融知识，于是准备选修金融学课程，但小融却认为，那些发行股票、上市融资、市场涨跌及复杂的金融工具，都离日常生活太遥远，并不实用。那么，到底什么是金融？我国的金融体系是怎样的？我国金融业发展如何？

第一节　金融是什么

一、金融的定义

什么是金融？金融[1]，是指货币资金的融通。金融分为直接金融和间接金融。前者是指没有金融机构介入的资金融通方式，后者是指通过金融机构进行的资金融通方式。

习近平总书记强调，金融是实体经济的血脉，为实体经济服务是金融的天职，是金融的宗旨，也是防范金融风险的根本举措。经济是肌体，金融是血脉，血脉通畅，经济高质量发展才能更强劲有力。

二、金融市场[2]

金融市场，是指货币资金融通和金融工具交易的场所。金融市场的交易对象是货币资金，通常以金融工具为载体。金融市场的主体为各类融资活动的参与者，一般包括工商企业、金融机构、中央银行、政府、居民个人与家庭、海外投资者等。金融市场的客体为金融交易对象。金融市场的功能包括货币资金融通功能（最主要和最基本的功能）、优化资源配置功能、风险分散（通过多样化的投资来分散和降低风险）与风险管理功能、经济调节功能、交易及定价功能和反映经济运行的功能。

三、金融工具[3]

金融工具一般释义为信用关系的书面证明、债权债务的契约等文书，是金融机构和金融市场上交易的对象。在我国，金融工具通常是指从传统的商业票据、银行

---

① 戴相龙.领导干部金融知识读本[M].北京：中国金融出版社，2014.

② 银行业专业人员职业资格考试应试指导编写组.银行业法律法规与综合能力[M].北京：中国财富出版社，2019.

③ 黄达.金融学（第五版）[M].北京：中国人民大学出版社，2020.

票据、保单以及期货①、期权②和各种金融衍生工具的标准合约。但是，存款、贷款等也属于金融工具，它们也是信用关系的契约。金融工具经常被称为金融产品，其中绝大部分可以在金融市场上进行交易，是金融活动的载体。

金融工具的种类

分类标准	内容
按期限长短划分	1. 短期金融工具，期限一般在1年以下，如商业票据、短期国库券、银行承兑汇票、可转让大额定期存单和回购协议等。 2. 长期金融工具，期限一般在1年以上，如股票、企业债券、长期国债等。
按融资方式划分	1. 直接融资工具，包括政府、企业发行的国库券、企业债券、商业票据、公司股票等。 2. 间接融资工具，包括银行债券、银行承兑汇票和可转让大额存单等。
按投资者所拥有的权利划分	债券工具，如债券等。 股权工具，如股票等。 混合工具，如可转换债券、证券投资基金等。

资料来源：银行业专业人员职业资格考试应试指导编写组.银行业法律法规与综合能力[M].北京：中国财富出版社，2019.

第二节　我国现行的金融体系

一、我国的金融管理体系

目前，我国已建立起由国务院金融稳定发展委员会统筹，中国人民银行、中国

---

① 期货是指交易双方不必在买卖发生的初期交割，而是共同约定在未来的某一时间交割。——李英，姜司原.证券投资学（第三版）[M].北京：中国人民大学出版社，2020.

② 期权是指其持有者能在规定的期限内按交易双方商定的价格购买或者出售一定数量的某种特定商品的权利。——李英，姜司原.证券投资学（第三版）[M].北京：中国人民大学出版社，2020.

银行保险监督管理委员会、中国证券监督管理委员会及地方金融监管机构分工负责的金融管理体系。

（一）国务院金融稳定发展委员会

2017年11月，经党中央、国务院批准，国务院金融稳定发展委员会成立。其主要职责是落实党中央、国务院关于金融工作的决策部署；审议金融业改革发展重大规划；统筹金融改革发展与监管，协调货币政策与金融监管事项，统筹协调金融监管重大事项，协调金融政策与相关财政政策、产业政策等；分析研判国内国际金融形势，做好国际金融风险应对，研究系统性金融风险防范处置和维护金融稳定重大政策；指导地方金融改革发展与监管，对金融管理部门和地方政府进行业务监督和履职问责等。

（二）中国人民银行

中国人民银行是我国的中央银行，是国务院组成部门，在国务院领导下制定和执行货币政策，防范和化解金融风险，维护金融稳定，负责制定和实施人民币汇率政策，经理国库，管理征信业，统筹国家支付体系建设并实施监督管理等。

（三）中国银行保险监督管理委员会

2018年4月，中国银行业监督管理委员会和中国保险监督管理委员会完成职责整合，组建成立中国银行保险监督管理委员会，是国务院直属正部级事业单位。其主要职责是依照法律法规统一监督管理银行业和保险业，保护金融消费者合法权益，维护银行业和保险业合法、稳健运行，防范和化解金融风险，维护金融稳定。

（四）中国证券监督管理委员会

中国证券监督管理委员会是国务院直属正部级事业单位，依照法律、法规和国务院授权，统一监督管理全国证券期货市场，维护证券期货市场秩序，保障其合法运行。

（五）地方金融监管机构

地方金融监管机构为省政府直属部门，负责监管省、直辖市辖区金融业，履行属地管理职责。组织、协调或配合国家金融管理部门派出机构做好货币政策落实与金融监管相关工作；统筹发展当地普惠金融、绿色金融、小微金融；统筹推进当地金融发展环境建设等。

二、金融机构

金融机构①是从事金融活动的组织，现代市场经济中的货币、信用和金融活动都与金融机构有关。它通常以一定量的自有资金为运营资本，通过吸收存款、发行各种证券、接受他人的财产委托等形式形成资金来源，而后通过贷款、投资等形式运营资金，并且在向社会提供各种金融产品和金融服务的过程中取得收益。

（一）政策性与开发性金融机构

政策性与开发性金融机构，根据政府的决策和意向专门从事政策性金融业务，不以盈利为目的，根据具体分工的不同，服务于特定领域。我国目前有中国进出口银行和中国农业发展银行2家政策性银行，中国出口信用保险公司1家政策性保险公司，国家开发银行1家开发性金融机构。

（二）国有控股大型商业银行

我国有6家国有控股大型商业银行，即中国工商银行、中国农业银行、中国银行、中国建设银行、交通银行和中国邮政储蓄银行。无论是在人员和机构网点数量上，还是在资产规模及市场占有份额上，六大行在我国金融领域中均处于举足轻重的地位，在全球银行中也位居前列。

（三）其他银行机构

除国有控股大型商业银行外，我国还有股份制商业银行、城市商业银行、农村中小银行机构、外资银行和民营银行等。

股份制商业银行。自1986年以来，我国陆续建立了12家股份制商业银行，即招商银行、浦发银行、中信银行、中国光大银行、华夏银行、中国民生银行、广发银行、兴业银行、平安银行、浙商银行、恒丰银行和渤海银行。

城市商业银行。1998年，从北京开始陆续出现了以城市名命名的商业银行。它们是由各城市原有的城市合作银行合并组建而成的城市商业银行，比如北京银行、上海银行、江苏银行和南京银行等。

---

① 李健.金融学[M].北京：高等教育出版社，2010.

农村中小银行机构①。农村中小银行机构包括农村商业银行、农村合作银行、农村信用社、村镇银行、贷款公司、农村资金互助社以及经中国银保监会批准设立的其他农村中小银行机构，比如北京农村商业银行、上海农村商业银行和重庆农村商业银行等农村商业银行以及河北省、河南省、广东省等地区的25家农村信用社联合社。

外资银行。外资银行包括外商独资银行、中外合资银行、外国银行分行和外国银行代表处，比如花旗银行、渣打银行、汇丰银行和恒生银行等。

民营银行。2014年3月，我国开始尝试设立民营银行，鼓励和引导民间资本进入银行业。截至2020年末，我国有19家民营银行，比如北京中关村银行、深圳前海微众银行和浙江网商银行等。

（四）证券公司

证券公司是指依照《中华人民共和国公司法》《中华人民共和国证券法》的规定，经国务院证券监督管理机构批准的经营证券业务的有限责任公司或股份有限公司，比如中信证券股份有限公司、中国国际金融股份有限公司、中信建投证券股份有限公司和国泰君安股份有限公司等。

（五）证券投资基金管理公司

证券投资基金管理公司②是指经中国证券监督管理委员会批准，在中华人民共和国境内设立，从事证券投资基金管理业务和中国证监会许可的其他业务的企业法人，比如易方达基金管理有限公司、华夏基金管理有限公司和嘉实基金管理有限公司等。

（六）期货公司

期货公司③是指依照《中华人民共和国公司法》《期货交易管理条例》规定设立的经营期货业务的金融机构，比如中信期货有限公司、银河期货有限公司和国泰君安期货有限公司等。

---

① 《中国银保监会农村中小银行机构行政许可事项实施办法》第二条。
② 《证券投资基金管理公司管理办法》2020年修订。
③ 《期货交易管理条例》2017年修订。

（七）保险公司

保险公司是指经中国银保监会批准设立并依法登记注册的商业保险公司，业务范围包括人身保险业务、财产保险业务及国务院保险监督管理机构批准的与保险有关的其他业务。在保险合同构成中，保险公司是与投保人订立保险合同并按照合同约定承担赔偿或者给付保险金责任的保险人，比如中国人寿保险股份有限公司、平安人寿保险股份有限公司、中国人民财产保险股份有限公司和太平洋财产保险有限公司等。

（八）金融资产管理公司

金融资产管理公司[1]是指由国家出资组建的专门收购、管理和处置国有独资商业银行不良资产的国有独资非银行金融机构。目前，我国有5家金融资产管理公司，即中国华融资产管理有限责任公司、中国长城资产有限责任公司、中国东方资产管理有限责任公司、中国信达资产管理有限责任公司和中国银河资产管理有限责任公司。

（九）信托公司

信托公司[2]是指依照《中华人民共和国公司法》《信托公司管理办法》设立的主要经营信托业务的金融机构，比如中信信托有限责任公司、中诚信托有限责任公司等。信托业务是指信托公司以营业和收取报酬为目的，以受托人身份承诺信托和处理信托事务的经营行为。

（十）银行理财子公司

银行理财子公司[3]是指商业银行经国务院银行业监督管理机构批准，在中华人民共和国境内设立的主要从事理财业务的非银行金融机构，比如工银理财有限责任公司、建信理财有限责任公司和中银理财有限责任公司等。

（十一）金融资产投资公司

金融资产投资公司[4]是指经国务院银行业监督管理机构批准，在中华人民共和国

---

[1] 《金融资产管理公司条例》第二条。
[2] 《信托公司管理办法》第二条。
[3] 《商业银行理财子公司管理办法》第二条。
[4] 《金融资产投资公司管理办法（试行）》第二条。

境内设立的，主要从事银行债权转股权及配套支持业务的非银行金融机构，比如工银金融资产投资有限公司、农银金融资产投资有限公司、中银金融资产投资有限公司、建信金融资产投资有限公司和交银金融资产投资有限公司。

（十二）财务公司

财务公司①是指以加强企业集团资金集中管理和提高企业集团资金使用效率为目的，为企业集团成员单位提供财务管理服务的非银行金融机构，比如华能集团财务公司、中国化工进出口财务公司和中国有色金属工业总公司财务公司等。

（十三）金融租赁公司

金融租赁公司②是指经中国银保监会批准以经营融资租赁业务为主的非银行金融机构，比如工银金融租赁股份有限公司、建信金融租赁股份有限公司、光大金融租赁股份有限公司等。

（十四）汽车金融公司

汽车金融公司③是指经中国银保监会批准为中国境内的汽车购买者及销售者提供金融服务的非银行金融机构，比如梅赛德斯—奔驰汽车金融有限公司、宝马汽车金融（中国）有限公司、大众汽车金融（中国）有限公司和比亚迪汽车金融有限公司等。

（十五）消费金融公司

消费金融公司④是指经中国银保监会批准，在中华人民共和国境内设立的，不吸收公众存款，以小额、分散为原则，为中国境内居民个人提供以消费为目的的贷款的非银行金融机构，比如招联消费金融有限公司、捷信消费金融有限公司和北银消费金融有限公司等。

（十六）货币经纪公司

货币经纪公司⑤是指经中国银保监会批准在中国境内设立的，通过电子技术或其他手段，专门从事促进金融机构间资金融通和外汇交易等经纪服务，并从中收取佣

---

① 《中国银行业监督管理委员会关于修改〈企业集团财务公司管理办法〉的决定》第二条。
② 《金融租赁公司管理办法》第二条。
③ 《汽车金融公司管理办法》第二条。
④ 《消费金融公司试点管理办法》第二条。
⑤ 《货币经纪公司试点管理办法》第二条。

金的非银行金融机构，目前我国有上田八木货币经纪（中国）有限公司、中诚宝捷思货币经纪有限公司等6家货币经纪公司。

（十七）地方金融组织

地方金融组织[①]是指国家授权由地方实施监督管理的小额贷款公司、融资担保公司、区域性股权市场、典当行、融资租赁公司、商业保理公司、地方资产管理公司、地方交易场所以及国家授权地方监督管理的其他金融组织。

三、金融市场体系

金融市场体系是指金融市场的构成形式，金融市场是资金融通的市场，在这个市场上实现借贷资金的集中和分配，完成金融资源的配置过程。以金融交易的期限作为标准来划分，金融市场划分为货币市场和资本市场。此外，以交易标的物作为标准来划分，金融市场划分为票据市场、证券市场、衍生工具市场、外汇市场和黄金市场等。

（一）货币市场

货币市场是短期融资市场，是指期限在一年以内、以短期金融工具为媒介进行资金融通和借贷的市场。

1. 票据市场[②]

在商业信用中，赊销商品的企业为了保证自己的权益，需要掌握一种能够受到法律保护的债务文书，在这种文书上说明债务人有按照规定金额、期限等约定条件偿还债务的义务，这类文书称为票据。在货币市场中使用的票据有商业票据和银行承兑票据两类。商业票据是一种最古老的金融工具，源于商业信用。它是工商业者之间由于信用关系形成的短期无担保债务凭证的总称。在商业票据的基础上，由银行介入，允诺在票据到期时由银行履行支付义务，是银行承兑票据，票据由银行承兑，信用风险相对较小。票据交易的市场称为票据市场。

[①] 《北京市地方金融监督管理条例》第二条。

[②] 黄达.金融学（第五版）[M].北京：中国人民大学出版社，2020.

2. 贴现市场①

票据贴现是短期融资的一种典型方式。因此，短期融资的市场又称为票据贴现市场，或者简称为贴现市场。在票据贴现市场中，充当买方的一般是商业银行、贴现公司和货币市场基金等专门从事短期借贷活动的金融机构以及手里掌握短期闲置资金的非金融机构。

（二）资本市场

资本市场是指以长期金融工具为媒介进行的、期限在一年以上的长期资金融通市场。

1. 股票市场②

股票市场是指发行和转让股票的市场，属于长期资金市场。按股票的上市情况分为初级市场和次级市场，亦即发行市场和交易市场。

2. 债券市场③

债券由于现金流相对稳定，又被称为固定收益证券。债券种类繁多，家族庞大，发行规模巨大。债券市场是发行和买卖债券的场所，是金融市场的一个重要组成部分。它有助于将个人、公司和政府部门的闲置资金转移给那些需要进行长期债券业务融资的公司和政府部门。

（三）外汇市场

外汇市场是指进行外汇买卖的交易场所，它是由外汇需求者、外汇供给者及买卖中介机构组成的外汇买卖场所或网络。外汇市场的主要业务包括即期外汇交易、远期外汇交易、外汇期货交易和外汇领域衍生工具交易等。

（四）黄金市场

黄金市场是金融市场的重要组成部分，是集中进行黄金买卖的交易场所。黄金兼具金融和商品两种属性，发展黄金市场，有利于发挥黄金不同于其他金融资产的独特作用，形成与其他金融市场互补协调发展的局面。

---

① 黄达.金融学（第五版）[M].北京：中国人民大学出版社，2020.

② 韩双林，马秀岩.证券投资大辞典[M].哈尔滨：黑龙江人民出版社，1993.

③ 韩国文，张彻.金融市场学[M].北京：人民邮电出版社，2019.

四、金融基础设施

金融基础设施①是指为各类金融活动提供基础性公共服务的系统及制度安排，在金融市场运行中居于枢纽地位，是金融市场稳健高效运行的基础性保障，是实施宏观审慎管理和强化风险防控的重要抓手。

经过多年建设，我国逐步形成了为货币、证券、基金、期货和外汇等金融市场交易活动提供支持的基础设施体系，功能比较齐全，运行整体稳健。我国金融基础设施统筹监管范围包括金融资产登记托管系统、清算结算系统（包括开展集中清算业务的中央对手方）、交易设施、交易报告库、重要支付系统、基础征信系统等六类设施及其运营机构。目前，我国已建成了具有世界先进水平的现代化支付清算系统、全球最大的金融信用信息基础数据系统，以及各类交易平台、登记托管和清算结算等重要金融市场基础设施。此外，现代金融基础设施硬件搭建在庞大、迅捷的计算机网络上，随着大数据、云计算、区块链和人工智能等新兴技术手段的蓬勃发展，金融基础设施建设将实现"金融+科技"的完美契合。

在相关制度建设方面，配套的法律法规和信用体系等为金融基础设施建设打下了坚实的基础。在金融法律建设方面，国家法律、行政法规、部门规章、规范性文件及有关司法解释等共同构成我国金融法律体系，引导金融市场硬件基础设施规范运行。在信用体系建设方面，征信系统覆盖范围不断扩大，金融信用基础信息数据库接入主体日益增多，小微企业信用档案相继完善，农村信用体系逐步构建，社会信用环境得到极大改善。

第三节 我国金融业发展现状

改革开放40多年来，我国金融业取得了历史性成就。特别是党的十八大以来，金融系统以习近平新时代中国特色社会主义思想为指导，着力提升金融服务实体经

---

① 《人民银行、发展改革委等六部门联合印发〈统筹监管金融基础设施工作方案〉》。

济质效，全力维护金融安全稳定，坚定深化改革扩大开放，牢牢守住了不发生系统性金融风险的底线，金融机构实力大大增强，我国已成为重要的世界金融大国。

一、基本形成多层次金融机构和金融市场体系

目前，我国已基本形成覆盖银行、证券、基金、期货、保险等领域，多层次、差异化、广覆盖的金融机构体系。2020年底，我国金融业资产353.19万亿元。其中，银行业资产319.74万亿元，居世界第一，机构数量达4601家。证券业资产10.15万亿元，其中基金管理公司132家、期货公司149家、证券公司138家。保险业资产23.3万亿元，居世界第二，其中保险机构238家、保险专业中介机构2640家。金融市场方面，股票、债券、外汇等相互补充、协同发展。其中，股市包括主板、中小板、创业板和科创板等，2020年底沪深两市总市值为79.72万亿元，居世界第二。债券市场包括国债、地方债、金融债、公司债和企业债等，2020年底债市托管余额116.7万亿元，居世界第二。外汇市场包括即期、掉期和远期等产品，2020年交易额近30万亿美元。2020年底，外汇储备3.22万亿美元，居世界第一。

二、金融服务实体经济质效不断提升

服务实体经济是金融工作的出发点和落脚点。2020年底，我国社会融资规模存量284.75万亿元，同比增长13.3%。其中，保障性安居工程贷款余额6.5万亿元；21家主要银行绿色信贷余额超过11万亿元；全年新增制造业贷款2.2万亿元，超过之前5年的总和；全年新增民营企业贷款5.7万亿元，同比多增1.5万亿元。小微企业融资"量增、面扩、价降"。2020年底，普惠型小微企业贷款余额15.3万亿元，同比增长逾30%，其中中国工商银行、中国农业银行、中国银行、中国建设银行和交通银行5家大型商业银行增长54.8%。有贷款的小微企业达2540万户，同比增加445万户。新发放小微企业贷款利率同比下降0.82个百分点。涉农贷款余额38.95万亿元，金融精准扶贫贷款累计支持超9000万人次，基础金融服务基本实现城乡全覆盖。2020年，健康保险赔付支出2921亿元，同比增长24.2%，大病保险覆盖11.3亿城乡居民。我国普惠金融已走在世界前列。

三、防范化解金融风险攻坚战取得决定性成就

按照"稳定大局、统筹协调、分类施策、精准拆弹"的基本方针，近年来，我国金融监管部门采取一系列"防风险、治乱象、补短板"行动，坚决打赢防范化解金融风险攻坚战。宏观杠杆率过快上升势头得到有效遏制，2017—2019年总体稳定在250%左右。金融违法犯罪行为受到严厉惩治，各类高风险机构得到有序处置。影子银行风险持续收敛，规模较历史峰值压降约20万亿元，金融脱实向虚、资金空转等情况明显改观。不良资产处置大步推进，2017—2020年累计处置不良贷款8.8万亿元，超过之前12年的总和。2020年底商业银行不良贷款率为1.84%，资产质量基本稳定。金融秩序得到全面清理整顿，在营P2P网贷机构清零，互联网金融风险大幅压降。房地产金融化泡沫化势头得到遏制，2020年房地产贷款增速8年来首次低于各项贷款增速。地方政府隐性债务增量风险基本控制。大中型企业债务风险平稳处置，2020年底债委会约2万家，市场化法治化债转股落地1.6万亿元。经过持续整治，金融业风险整体收敛，总体可控。

四、金融业深化改革扩大开放持续推进

健全货币政策和宏观审慎政策"双支柱"调控框架，系统性风险监测评估体系不断完善。深入推进利率市场化改革，货币政策传导效率增强。以强化公司治理为核心深化国有商业银行改革，中国工商银行、中国农业银行、中国银行和中国建设银行4家大型商业银行经营效率接近国际先进水平。改革优化政策性金融，实施政策性业务与商业性业务分账管理。稳步推进中小银行改革化险，有序引导民间资本依法合规进入金融业，民间资本在股份制银行、城市商业银行和农村中小金融机构股本中的占比分别超过40%、50%和80%。扩大金融业高水平开放，持续推动开放措施落地，2018年以来，共批准新设各类外资银行保险机构100多家，一批在财富管理、商业保险、信用评级等方面处于领先地位的国际专业机构，通过独资、控股或参股等方式进入中国市场。加强与国际组织合作，积极参与国际金融体系改革，提升制度性话语权。深化汇率市场化改革，人民币国际化取得积极进展，全球三大债券指数提供商都已经将中国债券纳入相关指数，充分显示出国际投资者对我国经济长期健康发展和金融持续扩大开放的信心。

第二章　金融就在我们身边

第一节　人手必备的银行卡

 **场景描述**

　　走进美丽的大学校园，小京和小融在感到兴奋的同时，也在规划自己的大学生活。这一天，学校要求同学们交纳学费，小京与小融开始思考：要选择哪种方式交纳学费呢？如何管理自己的生活费呢？

一、常见的支付结算方式

随着科技网络的发展，个人支付方式发生了巨大的转变。我们日常生活中常见的支付方式大致可分为现金支付、银行卡支付、移动支付与电子支付。

（一）现金支付

现金支付①是现今社会货币支付最普遍的方式，它使用方便，便于携带，特别适合小额交易，并且不留交易痕迹。

（二）银行卡支付

银行卡支付是一种日常生活中十分常见的支付方式，主要分为线下实体卡刷卡支付与线上快捷支付。

（三）移动支付与电子支付

电子支付②是基于计算机和网络技术的支付系统以及电子货币的产生，是支付技术发生的第三次变革，尤其是互联网的出现，促使支付系统发生了重大变革。电子支付系统正逐渐取代传统支付系统，支付工具和支付手段也在发生改变，电子支付的方式越来越丰富。伴随着移动终端的发展，移动支付方式也在快速发展。

随着经济社会不断发展，越来越多的消费者倾向于使用便捷、适用性强的电子支付方式，如支付宝、财付通等第三方平台进行日常结算和消费。这些支付方式中都离不开一个重要的载体——银行卡。

二、银行卡是什么

（一）银行卡的定义

银行卡是由商业银行（或发卡机构）发行的具有支付结算、汇兑转账、储蓄和循环信贷等全部或部分功能的支付工具或信用凭证。

我们日常中绝大多数金融行为都是通过银行卡进行的，从日常消费、网购，到交纳学费、开展投资理财等，都离不开银行卡。

---

① 周虹.电子支付与网络银行 [M].北京：中国人民大学出版社，2019.
② 周虹.电子支付与网络银行 [M].北京：中国人民大学出版社，2019.

（二）银行卡类型

金融工具的种类

分类标准	银行卡种类
清偿方式	信用卡、借记卡
结算币种	人民币卡、外币卡（境内外币卡、境外银行卡）
发行对象	公务卡、个人卡
信息载体	磁条卡、IC卡
信誉等级	金卡、普通卡等不同等级
流通范围	国际卡、地区卡
持卡人地位和责任	主卡、附属卡

信用卡[①]是指记录持卡人账户相关信息，具备银行授信额度和透支功能，并为持卡人提供相关银行服务的各类介质。信用卡的形式是一张正面印有发卡银行名称、有效期、号码和持卡人姓名等内容的卡片，持有信用卡的消费者可以到特约商业服务部门购物或消费，再由银行同商户和持卡人进行结算，持卡人可以在规定额度内透支。

借记卡是指银行发行的一种要求先存款后消费（或取现），没有透支功能的银行卡。为什么储蓄卡要叫借记卡？大家在初入校门时配备的第一张"借记卡"其实可以理解为耳熟能详的"储蓄卡"。之所以要叫借记卡，是因为在银行的会计科目中，借记与贷记相对，前者代表银行资金的流入，后者代表银行资金的流出，只能

---

① 《商业银行信用卡业务监督管理办法》。

存入资金、无法透支消费的储蓄卡就属于借记卡。借记卡具有转账结算、存取现金和刷卡消费等功能，它还支持基金买卖、外汇买卖和日常缴费等业务办理。

三、银行卡的日常管理

第一次拿到以自己名字开立的银行卡，小融很高兴，仔细端详着卡片上的借记卡标识，小融产生了疑问，借记卡和信用卡到底有什么区别呢？

（一）借记卡账户管理

借记卡是个人银行结算账户的一种实物载体。根据开户申请人身份信息核验方式和风险等级，个人银行结算账户分为三类（见表2-1）。

表2-1　个人银行结算账户分类

类别	Ⅰ类银行账户	Ⅱ类银行账户	Ⅲ类银行账户
功能	可以办理存款、转账、消费缴费、购买投资理财产品、支取现金等业务，使用范围不限	可以办理存款、购买投资理财产品等金融产品	不可用于存取现金，而且其消费和缴费都有限额，因此主要用于金额不大、频次较高的交易
使用限额	实质上就是存折或银行卡，无交易额度限制	使用额度是有限制的，其单日交易限额1万元，年累计交易限额20万元	仅能用于小额消费和缴费支付，其账户余额最高不超过2000元，单日进出账不超2000元，年累计进出账不超5万元
账户类型	有实体卡，为卡片或者存折	包括实体卡和电子账户两种形式	只有电子账户一种形式
开户渠道	可以在银行柜面开立，或者通过远程视频柜员机和智能柜员机等自助机具办理开户申请，银行工作人员现场核验开户申请人身份信息的，可以开立Ⅰ类银行账户	可通过银行柜面、远程视频柜员机和智能柜员机等自助机具以及网上银行和手机银行等电子渠道开立，但要绑定本人Ⅰ类银行账户或者信用卡账户等可靠方式进行身份验证	
可开账户数量	只能办理1个账户	一个银行的Ⅱ类、Ⅲ类银行账户各不能超过5个	
突出特点	安全性极高、交易资金量大	使用方便便捷，交易资金较小	主要适用于小额的快捷移动支付

三类银行账户如何用？

　　Ⅰ类银行账户可办理存款、转账、消费缴费和购买投资理财产品等业务，使用范围和金额不受限制，比如个人的工资收入、大额转账、银证转账，以及缴纳和支付医疗保险、社保、养老金和公积金等大多数是通过Ⅰ类银行账户办理的，所以说Ⅰ类银行账户也是我们最常见的银行卡类别。

Ⅱ类银行账户可以办理存款、购买银行理财产品和消费缴费等业务，但在使用中往往有限额的设定。

Ⅲ类银行账户主要用于网络支付、线下手机支付等小额支付，可以办理消费缴费。

❯ **友情提示**：*每人在同一家银行只能开立一个Ⅰ类银行账户哦！*

（二）信用卡账户管理

随着社会不断发展和人们消费观念的转变，信用卡也开始在我们金融生活中扮演着极为重要的角色。对于信用卡，银行允许有额度和时间上限制的透支。在我们使用信用卡时，请养成按时还款的习惯。

关于信用卡你需要知道的几个关键词

◎ **账单日**[①]

每期账单中，所记录信用卡交易的截止日称为"账单日"。通常情况下，账单日是指发卡银行每月定期对持卡人的信用卡账户当期发生的各项交易和费用等进行汇总结算，并结计利息、计算当期总欠款金额和最小还款金额，并为持卡人邮寄对账单，同时告知当期还款项的日期。

---

① 华天财经. 深度玩透信用卡实战手册[M].北京：中国铁道出版社，2018.

◎ **最后还款日①**

发卡银行规定的持卡人应该偿还其全部应还款金额或最低还款金额的最后日期称为"最后还款日"。每月的信用卡账单中都会明确列出最后还款日是哪一天。

◎ **免息还款期②**

持卡人在到期还款日（含）之前偿还全部应还款金额的前提下，可享受免息待遇的非现金类交易自银行记账日至到期还款日之间的时间段。

◎ **滞纳金③**

根据中国人民银行的有关规定，如果持卡人在到期还款日实际还款金额低于最低还款金额，银行将根据信用卡章程对于未能按期偿还的最低还款金额部分收取滞纳金。

◎ **预借现金④**

信用卡预借现金业务包括现金提取、现金转账和现金充值。其中，现金提取是指持卡人通过柜面和自动柜员机（ATM）等自助机具，以现钞形式获得信用卡预借现金额度内资金；现金转账是指持卡人将信用卡预借现金额度内资金划转到本人银行结算账户；现金充值是指持卡人将信用卡预借现金额度内资金划转到本人在非银行支付机构开立的支付账户。

信用卡被盗刷该怎么办？

信用卡作为重要的金融工具，在日常生活中使用便捷，满足支付、消费

---

① 华天财经. 深度玩透信用卡实战手册[M].北京：中国铁道出版社，2018.

② 华天财经. 深度玩透信用卡实战手册[M].北京：中国铁道出版社，2018.

③ 华天财经. 深度玩透信用卡实战手册[M].北京：中国铁道出版社，2018.

④ 华天财经. 深度玩透信用卡实战手册[M].北京：中国铁道出版社，2018.

和分期等需要，但却被一些不法分子利用，存在安全隐患。一旦信用卡被盗刷，三个措施要牢记。

1. 及时冻结或挂失。发现信用卡被盗刷第一时间致电发卡银行官方客服电话，告知异常交易，及时冻结账户或挂失卡片。若涉及第三方支付平台，立即电话联系控制款项划出。

2. 立即向公安机关报案。保留受案回执。详述被盗刷情况，证明信用卡仍由自己保管，盗刷消费非本人所为。部分支付机构需持卡人提供受案回执作为否认交易的证明材料。

3. 固定证据。立即到就近的ATM或POS机上进行一笔刷卡交易，证明卡片在您身上未丢失，固定电子证据证明人卡未分离。如果卡片已经冻结或挂失，刷卡不会成功，通过ATM交易时卡片可能会被吞卡，请不要惊慌，按银行相关规定进行后续处理即可。后续您可以联系发卡银行办理异议交易申请及相关手续等。

以上是应对信用卡被盗刷的有效做法，但为了避免财产损失，请大家一定谨记，在刷卡时不要让卡片离开自己的视线，时刻保持警惕，不要将卡片和密码轻易交付他人。

四、风险无处不在——银行卡安全使用

场景描述

小保和小融一起来到了他们做兼职工作的公司。公司财务需要他们提供一个银行卡号用于发工资。小保从书包里翻出一张A4纸，上面是自己的银行卡正反面复印件，旁边还写着银行卡密码，他正准备交给公司财务人员，小融赶忙上前阻止。

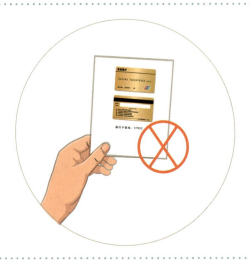

（一）银行卡保管

银行卡作为我们最常用的金融工具，在发挥金融功能的同时也被一些不法分子利用，因此在使用银行卡的同时我们也要注意银行卡的保管，谨防被不法分子利用。

如何正确使用和保管银行卡呢?

◎ 保管好银行卡及个人信息。不要将银行卡出租、转借和出售他人，不透露卡片信息，比如卡号、有效期及cvv码。不要回复要求提供卡号的可疑邮件及短信。

◎ 设置消费限额。设置银行卡每次交易限额和每日消费次数。

◎ 及时核对账单信息。刷卡消费后，及时核对账单信息，在账单签字时还要留心签字单据是否有重叠多份。

◎ 开通短信通知服务。随时掌握银行卡账户资金变动的情况。

（二）网络用卡安全

1. 在进行网络支付时，不要随意点击不明链接，不扫描来历不明的二维码。

2. 连接免费Wifi时不要登录网上银行、手机银行以及支付机构的APP。

cvv码

cvv码是信用卡的安全码，是信用卡进行网络或电话交易的一个安全代码。它主要被用于证实付款人在远程交易时是该信用卡的所有者，从而防止信用卡欺诈。cvv码大多数被印刷在卡背面的签名条尾部，也有印在卡正面的情况。常见的cvv码有3位数和4位数两种。

（三）密码安全保护

1. 及时修改初始密码并妥善保管密码。不要设置过于简单的密码。

2. 不向银行和支付机构业务流程外的任何渠道提供银行卡密码和手机验证码。

五、银行卡相关典型案例分析及风险防范

面对小融的劝阻，小保不以为然，小融摇了摇头，"看来要和你分享一些活生生的例子，你才能真正意识到风险就在身边啊！"

看来要和你分享一些活生生的例子，你才能真正意识到风险就在身边啊！

 **案例与提示**

> **案例一：银行卡借给"朋友"转账，却成为犯罪帮凶**

　　某高校学生小蔡收到来自好友小赵的求助，小赵以学校暂时未统一为其办理银行卡为由，希望借用小蔡名下的银行卡"转一下账"，由于是认识多年的朋友，小蔡没有多想便答应了，并先后向小赵提供了自己名下的3张银行卡。但他万万没想到，"朋友"小赵竟把自己借给他的银行卡提供给了电信诈骗分子。公安机关发现，小蔡仅一张银行卡就涉及非法资金流动50余万元，便对涉嫌为电信诈骗团伙提供银行卡的小蔡进行了传唤。民警对小蔡出借银行卡的行为进行了批评教育。根据有关规定，小蔡还将面临5年内暂停个人银行账户非柜面业务和支付账户所有业务，银行不得为其新开立账户等处罚。

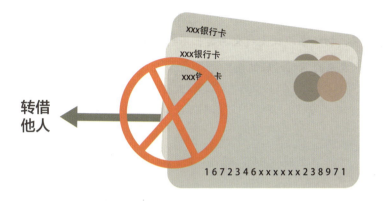

转借
他人

1672346xxxxxx238971

⊙ **风险提示**：案例中的小蔡由于缺乏风险意识，轻信他人，加之对银行卡管理办法不了解，不清楚自己的银行卡被他人使用有可能带来的风险隐患，险些被他人利用触犯法律。银行卡属于实名制，无论是"好心帮忙"还是贪图小便宜出租出借自己的银行卡，都有可能被收售者用来从事违法犯罪活动，给自己带来巨大的法律风险，甚至承担刑事责任。

⊙ 案例二："验证码"泄露，几分钟数千元被转出

大学生小夏热衷于网购，这天她在网上购买了一些食品，但一直没有收到货。某天，小夏突然接到一个自称是某快递公司的电话，告诉她货物已经丢失，公司将进行赔偿。沟通中"快递公司"以指导她操作退款为由，让小夏添加其微信，并点击一个未知的链接，在链接的最后要求输入手机验证码，但操作了几次都没有成功。这时，对方提出可以协助操作，小夏便将验证码告知了对方。几分钟后，小夏手机收到了一条银行短信："您的5980元已经转账成功。"这时，小夏才意识到自己遭遇了电信诈骗，赶紧报警。

> ▶ **风险提示**：当前电信诈骗套路多，不法分子往往利用生活中最常见的场景引诱人们上当受骗，切记在涉及支付交易时，不要轻易将验证码透露给他人，更不要随意点击陌生人发来的不明网址链接！

第二节 "小白"学理财

小融拿到了奖学金，加上平日勤工俭学赚的钱，手里有了些富余的现金。她来到银行咨询如何购买金融产品。银行工作人员向小融做了全面的介绍：

金融产品类型
1. 银行存款
2. 国债
3. 银行理财
4. 基金
5. 股票
……

奖学金

BANK

一、传统业务——银行存款①

存款的业务是银行接受客户存入的货币款项，存款人可随时或按约定时间支取款项的一种信用业务。这是银行的传统业务，在负债业务中占有最主要的地位。传统的分类方法将存款划分为活期存款、定期存款和储蓄存款三大类。当前实际生活中的存款名目繁多，但都不外乎是这三类存款的变种。

二、安全性高——国债

国债俗称"金边债券"，由国家财政信誉担保，信誉度非常高，其安全等级当然是所有理财工具中最高的，而收益性因其安全等级高而有所降低。

国债的流动性除了记账式国债之外，凭证式国债和储蓄国债（电子式）都是以降低收益来换取较好的流动性的，因为二者提前兑付，要以低于国债票面利率来计算收益，而记账式国债可通过证券交易所二级流通市场进行买卖。

三、资金投资——银行理财②

银行理财是由商业银行自行设计并发行的，商业银行将募集来的资金根据合同约定购买相关的金融产品，并将所获得的投资收益分配给投资人。银行理财产品大致分为债券型理财产品、信托型理财产品、挂钩型理财产品及QDII型理财产品。与传统意义上的存单持有人不同，商业银行理财产品的投资人须承担一定的投资风险。大部分理财产品的流动性较低，投资人一般不可提前终止合同，少部分理财产品可终止或可质押，但手续费或质押贷款的利息较高。

四、委托管理——基金

基金有广义和狭义之分，从广义上说，基金是指为了某种目的而设立的具有一定数量的资金，比如信托投资基金、公积金、保险基金和退休基金，各种基金会的基金。狭义的基金一般是指证券投资基金，即通过发行基金份额，集中投资者的资

---

① 黄达.金融学（第五版）[M].北京：中国人民大学出版社，2020.
② 黄达.金融学（第五版）[M].北京：中国人民大学出版社，2020.

金，由基金托管人托管，由基金管理人管理和运用资金，是一种利益共存、风险共担的集合证券投资方式。根据投资对象的不同，证券投资基金可分为股票基金、债券基金、货币市场基金、期货基金、期权基金、指数基金、认股权证基金和混合型基金等。

五、有价证券——股票

股票是一种有价证券，是股份公司在筹集资本时向出资人公开或私下发行的、用于证明出资人的股本身份和权利，并根据持有人所持有的股份数享有权益和承担义务的凭证。我们一般所称的股票投资主要是指投资者通过证券交易所买卖股票的行为。常见理财产品对比见表2-2。

表2-2　常见理财产品对比

理财产品	收益	风险	流动性
定期存款	★	★	★★☆
国债	★★	☆	★★★
银行理财	★★	★☆	★☆
货币基金	★☆	★☆	★★★★☆
股票基金	★★★☆	★★★☆	★★★☆
股票	★★★★	★★★★	★★★☆

通过对比我们看到，收益、风险和流动性是一个三足鼎立的局面，"鱼和熊掌不可兼得"，没有一款理财产品是兼具高收益、低风险和高流动性的，需要同学们根据自己的需求挑选合适的理财产品。

六、金融产品购买与风险防范

了解了这么多金融产品，小融到底该如何选择呢？俗话说"理财有风险，投资需谨慎"，那小融还需要注意防范哪些风险呢？

（一）适合的人购买适合的产品

上大学后，小融将奖学金、兼职的工资及日常省下来的生活费攒了起来，现在已经有1万余元的积蓄，她询问银行员工该如何选择理财产品，银行工作人员引导她进行了风险测评。银行工作人员向小融介绍，在购买理财产品前，除详细了解产品信息外，还一定要了解自身的风险承受能力，根据自己的风险承受能力选择与之匹配的产品。

小融的风险测评结果是"稳健型"。根据小融现阶段没有稳定的经济来源，可支配资金不多，流动性要求较高，投资经验不足，风险承受能力较低的情况，银行员工推荐小融购买一些起点低、灵活支取的定期银行存款或货币型基金。以当前存款利率和基金历史收益率计算，两种产品3个月的收益约为：

银行定期存款利息：

$$10000 \times 1.35\% \div 365 \times 90 = 33.29（元）$$

某货币型基金预期收益：

$$10000 \times 2.01\% \div 365 \times 90 = 49.56（元）$$

小融看到测算结果后，接着询问银行员工是否可以购买更高收益的产品。银行员工答复，小融从未购买过理财产品，现阶段不适合购买股票、股票型基金或风险等级较高的浮动收益类理财产品，而且在银行购买理财产品需要与客户风险测评等级相匹配。

这时小融有些不解了，她提起曾经在网上看到过的高收益理财产品，既不需要风险测评，还承诺收益率为10%以上，是不是购买这些产品更划算。银行工作人员向小融解释道，要小心辨别各种理财产品，选择合法公司的正规产品平台，不要贪心，天下没有免费的午餐，高收益意味着高风险。在购买之前要认真阅读产品介绍、风险提示等信息。如果没有购买经验，要多询问身边的家人及朋友，不做能力范围之外的冒险。另外，还有一点需要注意，要合理规划日常资金、应急资金和理财资金配比，不要将资金全部用于投资，或者全部购买流动性差的产品，以防急需用钱时无法取出。

（二）风险防范

一切投资都伴随着风险，在选择投资前一定要认清自己的知识储备和风险承受能力，科学理性开展投资。总之，大学生们若要购买理财产品，请做好功课再掏腰包。

1. 选择正规金融机构，依据产品专属登记编码查询，辨别真伪。

2. 弄清费用和风险，多和家人商量，不轻信"保本高收益"等虚假宣传。

3. 购买前自主进行风险测评。

4. 根据风险测评结果，购买等于或低于自身风险承受能力等级的理财产品。

5. 做好资金规划，日常开销及应对突发事件的钱不用于投资。

第三节　个人贷款那些事儿

[场景] 即将办理入学的小航拖着行李箱走到XX大学门口，用自言自语展露心声，表达对家庭现状的思考和对助学贷款的期待。

[小航] 眼看自己已经成年，想帮父母减轻一些负担。听说现在有国家助学贷款政策，一会儿去银行网点咨询一下。

[场景] 小京与银行职员坐在网点低柜，银行职员向他介绍了助学贷款的概念和类型、申请方式等基础内容。

[小航] 您好，我是一名大一学生，想咨询一下助学贷款。

[银行职员] 您好，同学！国家助学贷款是由政府主导、财政贴息，银行、教育行政部门与高校共同帮助高校贫困家庭学生的银行贷款，用于帮助学生支付学费、住宿费和基本生活费。

[小航] 请问我该如何申请呢?

[银行职员] 每年新学年开学时银行会与学校对接，您可以通过学校向银行提出贷款申请。也可以在新学期开始前，向您家庭所在地的学生资助管理中心提出贷款申请。

一、常见贷款种类

（一）国家助学贷款①

国家助学贷款是指由政府主导，金融机构向高校家庭经济困难学生提供的信用助学贷款，帮助解决在校期间的学费和住宿费。

（二）个人消费贷款

个人消费贷款是指自然人申请的用于个人消费用途的贷款，支持用于购车、教育、消费购物和旅游等合法消费用途。个人消费贷款具备担保灵活的特点，同时还支持多样的还款方式。

（三）个人住房贷款

个人住房贷款是指银行向在中国大陆境内的城镇购买、建造和大修各类型住房的自然人发放的贷款，即通常所称的"个人住房按揭贷款"。

---

① 全国学生资助管理中心网站（http://www.xszz.cee.edu.cn）。

二、个人贷款"计算器"

（一）贷款利率形式

按照借贷关系存续期内的利率水平是否变动来划分，可以分为固定利率与浮动利率。固定利率是指在贷款合同签订时即设定固定的利率；浮动利率是指借贷期限内利率随物价、市场利率或者其他因素变化相应调整的利率。

（二）如何辨别合法贷款保护自身利益

在贷款机构宣传必须规范利率表述的大背景下，广告中没有明示贷款年化利率则属于不合规宣传，如果机构还使用了"超低门槛""极速放款"等诱导性极强的广告语，背后很可能存在套路，消费者应当保持理性、谨慎借款。此外，可以通过贷款机构证件是否完整、是否有固定的经营场所、贷款手续是否过于简单等要素，识别不正规的贷款机构，进而选择安全可靠的贷款服务。

（三）还款方式有哪些

常见的还款方式有等额本金还款法和等额本息还款法

等额本息还款法是指借款人每月始终以相等的金额偿还贷款的本金和利息。等额本金还款法是指借款人每期以相等的本金还款额度偿还贷款。

随着时间的推移，两种还款方式都是随着剩余本金的逐渐减少，利息逐期递减。但是从还款总额看，等额本息还款会比等额本金还款产生更多的利息（见图2-1）。

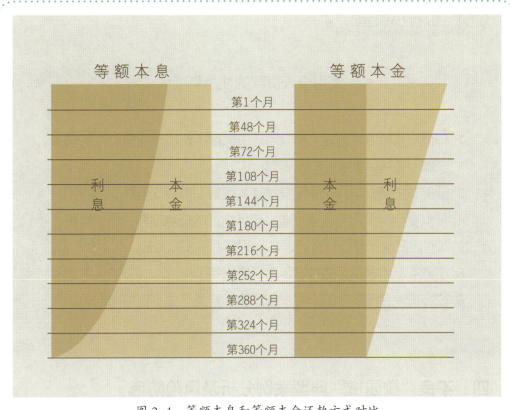

图 2-1 等额本息和等额本金还款方式对比

（四）还款方式如何选

对于等额本金方式，因为在前期的还款额度较大，而后逐月递减，所以比较适合前期还款能力强的借款人。等额本息每月的还款额度相同，比较适宜有正常开支计划的借款人。

三、国家助学贷款办理流程

校园地国家助学贷款模式：学生在新学年开学后通过学校向银行提出贷款申请。

生源地信用助学贷款模式：学生在新学期开始前，向家庭所在县（市、区）的学生资助管理中心提出贷款申请（有的地区直接到相关金融机构申请）。

银行小课堂

使用个人贷款的注意事项

1. 申请贷款额度要适度，通常月还款额度不超过家庭总收入的50%。

2. 贷款时要提供真实的申请资料。

3. 远离非法贷款中介，确保交易真实可靠和资金安全。

4. 要根据自身情况和贷款用途，选择合适的贷款品种、贷款期限、还款方式，同时应妥善保管贷款合同、协议和借据等贷款资料。

5. 贷款实际用途要合法并满足合同的约定。

6. 要按贷款合同约定的期限按时还款，避免产生不良信用记录。

四、不良"校园贷"典型案例分析及风险防范

不良"校园贷"是指一些非法机构通过虚假宣传，最终引诱借款学生落入"套路贷""高利贷"陷阱，"小贷"滚成"巨债"，行诈骗、敲诈之实。例如，某同学为购买新款手机及其他消费，到没有资质的非法公司申请贷款，随后经过拆东墙补西墙，不断找其他非法小贷公司借款还债，最终欠下共计70余万元的债务，其中包含了远远高于正规贷款的利息，而这位同学原始的借款金额仅为3万元。

与此同时，注销"校园贷"骗局也在日渐更新，自2021年4月以来，多地出现的新型注销"校园贷"骗局，不法分子声称，不注销"校园贷"，就会影响个人征信。不少在校生甚至已经毕业几年的人纷纷"中招"，被骗金额少则几百元，多则几十万元。比如，同学小白接到一自称"客服"人员的电话，称他在上学期间的学生账号要转为社会人员账号，如果不变更或注销，将会严重影响个人征信。小白添加了对方的QQ，并下载了一个陌生APP，不法分子语音诱导小白按步骤操作，分别在其他平台贷款共16000元并转到指定账户，当小白被要求继续贷款时，才突然醒悟自己已经被骗。

随着开学季到来，大学生们的消费需求高涨，一些不良"校园贷"乘虚而入，如果不注意辨别易上当受骗。广大学生要及时准确识别不法分子的典型套路骗局，坚决远离不良"校园贷"。常见的不良"校园贷"套路如下：

套路第一步，设计五花八门圈套

设计"手机贷""整容贷""培训贷""求职贷""创业贷"等五花八门的形式，引诱涉世未深的在校学生过度消费，或者引诱学生注销"校园贷"、将"学生账户"升级为"成人账户"，进而陷入骗局。

套路第二步，抛出低息低门槛诱饵

不良"校园贷"通常会进行利息低、贷款门槛低等迷惑性宣传，或者弱化还款难度、贷款利息等方式，比如声称"无门槛、零利息、免担保"方式，告诉学生贷款只需要一张身份证或者学生证就可以办理。

套路第三步，签订虚假合同

跟受骗学生签订金额虚高的贷款合同或者"阴阳合同"，有些除了合同，还会额外要求打欠条等。

套路第四步，制造银行流水

通常把贷款金额转入学生的银行卡，但会派人陪同学生去银行全部取出，然后再要求学生退一部分金额，这样就形成了银行流水与借款合同一致的"证据"。

套路第五步，单方面制造违约

通常使用"不接电话、不回信息"等方式拒绝接受学生还款，并且故意拖延，目的就是制造学生违约逾期的情况，以收取高额违约金。

套路第六步，借新款还旧款

一旦学生违约无法偿还贷款和利息，不良"校园贷"可能还会设计另一个圈套，介绍学生去其他公司贷款来偿还此前的贷款。

套路第七步，恶意追债

到这一步，一旦被骗学生无法偿还贷款，不法分子就会通过暴力催收、骚扰其父母和亲友等各种手段追债。

这些不良"校园贷"背后隐藏着极大的危机，有的学生面对还款压力，选择"以贷养贷"，从而债台高筑；还有的学生因无力偿还"校园贷"，长期遭受暴力催债的骚扰。

提示广大学生：做到三要三不要，远离不良"校园贷"，青春不负"债"！

一是花钱要理性，不要让"开学季"变成"烧钱季"。大学时光美好而宝贵，同学们要坚持以学业为重，不要盲从、攀比和炫耀，不要超前消费、过度消费或从众消费，否则一旦资金断流，就容易落入不良"校园贷"的圈套。此外，还需高度警惕的是，当前一些大型消费贷款平台针对大学生提供所谓的"精准服务"，各类循循善诱的让利规则暗藏玄机，宽松的审批要求和超出个人还贷能力的放贷额度为大学生埋下隐患，用"温水煮青蛙"的方式渗透到校园里，透支着年轻人的经济基础。同学们要树立正确的消费观和价值观，提高网贷风险防范意识，培养理性消费习惯，弘扬勤俭节约美德，科学安排生活支出，做到开源节流、量入为出，不给不良"校园贷"留下可乘之机。

二是借钱要正规，不要把"假李鬼"当成"真李逵"。凡是非正规的金融服务都要远离，凡是有金融需求都要找正规的金融机构，可通过拨打金融机构官方客服电话或前往金融机构的营业网点进行咨询办理。切不可轻信不法分子的诈骗诱饵，让不良"校园贷"钻了空子。同时，要增强自我保护意识，不将自己的身份证、学生证借给他人，保护好个人及家庭的信息不外泄。

三是救济要理智，不要让"校园贷"变成"校园害"。不良"校园贷"就像潘多拉魔盒，同学们不要为了自己的不合理欲望去触碰它。如果不幸遭遇了不良"校园贷"，一定要保持理智，寻求正确的救济渠道，不要"以贷养贷"，更不要采取极端解决方式。同时，积极保留证据，保持与家长和学校的密切沟通，主动向公安、司法机关寻求帮助，借助法律手段、运用法律知识维护自身的合法权益。例如，根据2020年8月20日起施行的民间借贷新规，民间借贷利率的司法保护上限为借贷合同成立时1年期贷款市场报价利率LPR的4倍，目前为15.4%。超过年利率15.4%的利息约定，人民法院不予支持。

第四节　读懂个人外汇业务

场景描述

[场景] 小融假期准备出国旅游，前往银行兑换外币。

[小融] 我最近准备出国旅游，想在咱们这里换一些外币，请问有什么要求吗？

[银行职员] 您好，同学！请问您需要哪个币种呢？

[小融] 我要去美国，换一些美元吧，我之前没来银行换过外币，您能帮我介绍一下吗？

[银行职员] 没问题！

一、个人结售汇

（一）个人便利化结售汇额度

1. 什么是结汇？

结汇是指消费者将外汇卖给银行，银行根据交易行为发生时的人民币外汇牌价中相应的币种汇率（现钞或现汇买入价）付给消费者等值人民币。

2. 什么是售汇？

售汇是指银行向消费者出售外汇，并根据交易行为发生时的人民币外汇牌价中相应的币种汇率（卖出价）向消费者收取等值人民币。

3. 可通过哪些渠道办理结售汇业务？

消费者可通过银行网点柜面、电子银行（包括网上银行、手机银行等）办理结售汇业务。

4. 个人便利化结售汇额度[①]

根据国家外汇管理政策的规定，个人消费者结汇、售汇实行年度总额管理，目

---

① 国家外汇管理局《个人外汇管理办法实施细则》。

前年度总额为每人每年等值5万美元。

（二）结汇资金来源、购汇用途

常见的结汇资金来源主要有捐赠、赡家款、遗产继承收入、保险外汇收入、专有权利使用和特许收入等外汇收入。常见的购汇用途主要有自费出境学习（学费、生活费）、出境旅游和探亲会亲等外汇支出。

（三）外汇类型

现汇是指从境外汇入的或没有取出就直接存入银行的外币款项；现钞是指外币现金或以现金形式存入银行的外币款项。

现汇和现钞在结汇时使用的汇率不同：现汇结汇时使用现汇买入价，现钞结汇时使用现钞买入价。

（四）外汇计算方法

汇率是指两种不同货币之间的兑换价格，通常用两种货币之间的兑换比例来表示。比如，2021年8月13日的汇率，USD/CNY=1/6.4775，即美元和人民币的兑换比率为1：6.4775，也可以说是1美元需要用6.4775元人民币购买。

二、跨境汇款的方法

场景描述

［场景］小京获得了国外大学交换的机会，需要进行留学境外汇款，于是他来到银行咨询境外汇款业务。

［小京］我想办理境外汇款，请问需要准备哪些材料呢？

［银行职员］在汇款前，您需要提前准备汇款的货币及金额、收款人姓名及地址、银行账号、开户银行名称、SWIFT代码或地址等信息。

［小京］什么是SWIFT代码？

［银行职员］SWIFT是"环球同业银行金融电讯协会"的英文简称。凡该协会的成员银行都有自己特定的SWIFT代码。在电汇时，汇出行按照收款行的SWIFTCODE发送付款电文，就可将款项汇至收款行。

（一）跨境汇款需要准备哪些材料

跨境汇款业务可以通过个人网银和银行柜台完成，以前往银行办理为例：

第一步，携带本人有效身份证件前往银行柜台，填写《国际汇款申请书》，按要求填写相关信息。

第二步，通过柜台支付汇款本金和手续费，签字确认并留存联系方式。

第三步，收妥汇款回单，完成汇款。

（二）跨境汇款费用

各家银行跨境汇款费率可能略有不同，以中国银行①为例，境内个人境外汇出汇款费用主要包含手续费和电信费（电报费），如为钞户汇出，则还会加收取钞转汇差价费。

为了更准确地了解费用详情，在汇款前可以致电银行客服热线或前往银行网点咨询。

（三）留学学费超过5万美元怎么办

境内个人经常项目项下非经营性购汇超过年度总额的，需根据购汇用途凭本人有效身份证件及以下证明材料在银行办理。

在汇款时金额超过等值5万美元的，除本人有效身份证件外，还需向银行提交经常项目项下有交易额的真实性凭证、国（境）外学校正式录取通知书和国（境）外学校出具的费用通知单。

（四）如果想要出国携带较多外币怎么办

根据国家外汇管理局的有关规定，境内居民和非居民个人，携带外币现钞出境，携带总金额在等值5000美元以上，10000美元（含）以下的，可到银行开具"外币携带证"。②

三、外汇业务相关典型案例分析及风险防范

兑换外币要在具有经营许可的银行和机构办理，在其他未取得经营许可的企业或个人处兑换外汇即是非法换汇。随着互联网商业的出现，甚至有各类微商、淘宝偶现挂"羊头"卖"狗肉"的兑换外币服务，不具备经营资质，同属非法换汇。

非法换汇有极高的法律风险，为了交易安全、人身安全和财产安全，一定要选择合法机构办理外汇业务。

---

① 中国银行官方网站—个人金融—汇出境外汇款。
② 国家外汇管理局 海关总署《携带外币现钞出入境管理暂行办法》。

第五节 "互联网"金融

一、互联网金融是什么

当前全球已经进入信息化时代，互联网金融将互联网技术和金融功能的有机结合，在开放的互联网平台上形成了功能化金融业态及其服务体系，并具有普惠金融、平台金融、信息金融和碎片金融等相异于传统金融的金融模式。

> [场景] 小融拿着一部手机站在那里，表达自己的疑问。
>
> [小融] 为什么在出行、电商、娱乐等各类APP上，也能经常看到金融服务的功能呢？
>
> [小融] 互联网上的金融服务都有什么，是否正规呢？

二、了解互联网金融的主要业态

（一）互联网支付[①]

本章第一节曾说到，个人支付方式随着科技网络发展产生了巨大的转变。作为常见支付结算工具的其中一类，互联网支付是指客户为购买特定商品或服务，通过计算机、手机等设备，依托互联网发起支付指令，实现货币资金转移的行为。

（二）基于互联网的常见金融产品

1. 余额宝

余额宝是蚂蚁金服旗下的余额增值服务和活期资金管理服务产品，对接的是天弘基金旗下的余额宝货币基金以及其他基金公司旗下产品，特点是操作简便、低门槛、零手续费和可随取随用。

2. 理财通

理财通是腾讯推出的专业财富管理平台，目前已上线货币基金、债券基金、指数基金和混合型基金等多元化理财产品。

3. 商业银行互联网贷款

商业银行互联网贷款是指商业银行运用互联网和移动通信等信息通信技术，为符合条件的借款人提供的贷款。为了规范商业银行互联网贷款业务经营行为，促进互联网贷款业务健康发展，中国银保监会依据相关法律法规制定了《商业银行互联网贷款管理暂行办法》（中国银行保险监督管理委员会令2020年第9号，以下简称《办法》），并于2020年7月17日开始施行，《办法》的出台体现了互联网贷款外部

---

① 中国证券监督管理委员会《互联网金融发展情况研究》。

监管的持续完善，从消费者的视角看，未来所使用的网贷服务也会更加合法合规，享受的服务品质将进一步提高，自身权益也会得到更好的保障。

三、互联网金融相关典型案例分析及风险防范

（一）互联网贷款类诈骗

当前社会，不法分子也紧盯热潮，设置"陷阱"让消费者蒙受资金损失。以网络借贷诈骗为例，黄同学在某APP上申请贷款3万元，并填写了个人信息，因发现申请通过后无法提现，黄同学被诱导分8次向不同账号共计转账6.8万余元，后客服又以订单有风险为由，再次让其转账，他这才意识到被骗。

同学们一定要注意，正规互联网金融公司不会要求贷款人预先支付所谓的"保证金""利息"，使用互联网金融服务一定要通过正规平台，在办理业务前要认真核实确认自己所面对的网站、APP是否为官方运营，不轻易留下个人金融信息。如遭遇诈骗，要第一时间报警。

（二）互联网投资理财类诈骗

近些年互联网理财成为一种热门投资渠道，而不法分子也将"挣钱"的目光投向这个领域。2020年末，黄同学被陌生人添加微信好友，声称有内部高收益赚钱方案，并将她拉进一个"王牌战队"微信群，群内有老师通过音频持续授课。

听了一段时间，看到群里跟着老师投资的人纷纷晒出"盈利"，黄同学有点动心了。于是，她扫描群内二维码下载了"新X基金"APP，尝试在平台上投资理财。刚开始，投资有小额盈利，并且成功提现了两笔，于是黄同学便逐渐加大投入。某天她再次准备提现时，"平台客服"称软件更新，需要充值同等金额才可以继续操作，黄同学信以为真，然而充值后才发现，自己的微信已经被对方拉黑，APP也无法登录，发现被骗时已损失上万元。

以上就是一起典型的网络投资理财诈骗案件，不法分子将受害人拉入投资理财群聊是"引流"过程，群中音频授课是"洗脑"过程。随后再以虚假APP做包装，受害人只要充值就会被骗，APP上显示的"利息""本金"等信息都是用来蒙蔽受害人的障眼法，实际根本无法提现。所以同学们要注意防范风险，日常不随意添加陌生人的微信，对于陌生信息不要扫码或点击链接，无论何种形式的互联网投资理财，只

要宣传"无风险""包赚钱"的，都是诈骗。

第六节　数字人民币①

一、开启"无现金新时代"

同学们，你是否有很多问号，为什么别人在讨论数字人民币，我只知道支付宝和微信；为什么别人领到了数字人民币红包，我却还在群里抢红包；为什么别人把数字人民币推上热搜，我还在各路平台上刷爱豆……

> **数字人民币到底是什么?**

　　简单来说，数字人民币是人民银行发行的数字形式的法定货币。中国是世界上第一个发行国家数字货币的主要经济体。

二、数字人民币的使用

第一步，下载"数字人民币APP"，完成注册、登录、设置（目前只有试点城市参与体验的人才能下载APP）。

第二步，上滑付款，下滑收款。

第三步，商户使用POS机扫码。

第四步，用户确认消费金额，输入密码（也可免密支付）。

第五步，付款成功。

---

① 本节内容来源于央视新闻。

> **那么问题来了，这不是跟微信、支付宝差不多吗?**

NO，数字人民币和微信、支付宝还是有本质区别的。

全面推广后，任何商家都不能拒收数字人民币，但可以拒绝消费者使用微信、支付宝付款;

数字人民币在没有网络时也可使用，但微信、支付宝难以使用;

数字人民币兑换纸币无服务费，但微信、支付宝在提现过程中可能产生服务费。

总体而言，数字人民币是支付方式的重要补充，而不是某种支付方式的替代者。

通俗来讲，数字人民币是"钱"，我们相当于拿着一把"电子钱"直接支付给商家。而微信、支付宝是"钱包"，里面既能装银行存款货币，也能装数字人民币，付款时从"钱包"里拿钱给商家。

虽然数字人民币和微信、支付宝有本质区别，但在实际支付的过程中，这两种方式的体验差异并不大。

三、数字人民币的优势

支付更快。只存在付款方和收款方，不经过第三方平台。

无须网络。付款方和收款方都没有网络，也可以完成支付。

隐私性好。商户和第三方平台无权获取消费者的身份信息和支付数据。

发行成本降低。不需要印钞纸、油墨和印钞机，发行成本降低，也能免去回收磨损老化人民币的高额成本。

打击违法犯罪。每一张电子人民币的流通都有数据记录，对打击违法犯罪有很大帮助。

　　推动人民币国际化。数字货币在国际交易的结算和清算领域更加便捷，一不小心，你就可以帮人民币走向世界了。

　　当然，要是手机没电了，那数字人民币就无法使用了。

　　数字人民币来喽！走在时代前沿的大学生朋友们，让我们一起去体验吧！

第三章 "钱"要规划起来

 ## 场景描述

　　宿舍里，舍友小京拆开快递拿出了新买的名牌球鞋，穿起来给小航看，小航惊呼："这个球鞋一定好贵吧！"

　　小京高兴地说道："还是你识货啊！这个鞋子最近很是流行，也就2000元，是我通过购物平台借款买的，我这叫赶时髦，早买早穿早享受！"

　　小航听后很是震惊，于是开始和小京有了一场深刻的交流……

第一节　财务管理是门必修课

一、保持理性的消费理念

在互联网金融环境下，一方面，大学生受到社会、网络和新兴金融产品等因素的影响，他们有着超前的新鲜事物感知力和消费观念；另一方面，他们资金来源有限，尚未获得经济上的独立，消费实力受到制约。

资料来源：腾讯教育-麦可思《2020年大学生消费情况研究》。

从数据中来看，当一定要购买超过预算物品时，46.5%的大学生会向父母求助，33.7%会想办法挣钱后购买，37.2%表示会采取提前消费的形式。可见，对于大学生而言，培养合理的消费观是一门重要的必修课。

这里介绍列表法，通过列表对近期想要购置的产品进行罗列，按照多个维度进行分类，可以加深思考购买这些产品的必要性，从而更清楚、直观地合理规划开支。

序号	物品名称	缓急程度	现有物品替代	同类物品价格

我们来看小京的案例，小京过度超前消费买超过自己能力范围的球鞋，这是不懂得量入为出，虚荣心驱使其形成无休止的攀比心理。大学生切勿信奉"今朝有酒今朝醉"的消费理念和人生哲学。大学生要结合自身的资金情况，合理控制开支，树立科学的价值观，养成理性消费的好习惯。

二、树立科学的投资理念

虽说大学生手头"有点紧"，但仍是新崛起的理财主力军，对理财产品和渠道也会有不同的选择和看法。中国青年网校园通讯社曾针对大学生投资理财话题进行问卷调查，结果显示，在理财习惯方面，超五成没有过记账行为；在投资产品的选择方面，超八成偏好银行存款；产品信誉、安全风险成为大学生投资理财主要考虑的因素。

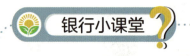

结合大学生消费特点，以下理财方法可供参考

1.强制储蓄。大学生追求潮流化和高品质的消费特点，使得他们难以积累资金。通过设立独立账户，每月将可支配资金按比例存入银行，不仅能克制消费还能积累一笔可观的资金。

2.一定范围内的投资。理财观念较保守的学生可以选择货币基金，预期收益率稳定且高于银行定存，可以随存随取且安全性较高。如果风险承受能力较强，可以尝试用少部分资金投资基金或股票，但一定要有足够的知识储备并切忌贪图高收益忽视风险。

3.选择适合自身的理财平台。比如"基金定投"，是指由银行在每月约

定日从指定的资金账户内自动完成扣款和基金申购的一种长期投资方式，对于大多数没有时间研究市场的同学而言可以说是省时省力的投资方法。

第二节　财务管理怎么做

场景描述

月底小京又"月光"了，愁容满面。他不解地问小融，为啥小融从不"月光"，甚至还有存款。

一、设置清晰的财务规划目标

（一）短期规划目标：每月略有盈余，小融是怎么做到的呢？我们来看一看她的短期规划目标

1. 能够解决自己的伙食费用，减轻父母的经济负担。

2. 能够给自己的兴趣爱好投入一定资金，得到更好的发展。

3. 用更多的资金进行储蓄和证券投资，并用自己赚的钱去梦想的地方旅行。

（二）长期规划目标：作为大学生，要学会制定长期规划目标，更有利于提高我们规划资金的能力

例如，每个月将余钱存1年定期存款，1年下来，手中正好有12张存单，不管哪个月急用钱都可取出当月到期的存款。若不需用钱，可将到期的存款连同利息及手头的余钱接着转存1年定期。如此，"滚雪球"的存钱方法保证不会失去理财机会。在储蓄时，跟银行约定进行自动存款。一方面，避免了存款到期之后不及时转存造成逾期部分按活期计息的损失；另一方面，存款到期后，如果遇到利率下调，未约定自动转存的，再存时就要按下调的利率计息，而约定自动转存的，就能按下调前较高的利率计息。

二、常用记账方式

（一）单式记账法

单式记账法是一种简单的记账方法，它对每一项经济业务，只在一个账户中登记，反映经济业务的一个方面，一般只反映现金收付及人欠、欠人事项，而不反映现金收付及债权、债务的对象。此外，大学生还可根据喜好选择适合自己的记账APP。

举个某记账APP的例子：

小融今天早中晚餐共花费了50元，购买日常用品花费30元，兼职收入了100元。晚上回到宿舍，她打开某记账APP开始进行一天的收支记录（见表3-1）。首先她点进"聊天记账"模式，在记账选项中输入早餐、中餐、晚餐共花费的50元，购买日常用品花费的30元，聊天页面自动弹出她的每项花费和场景对话。小融又找到"兼职外快"选项，输入100元，页面又弹出了"兼职外快+100"以及场景机器人对她的鼓励。通过统计页面，她还可以看到根据记账记录自动生成的饼图、趋势图，另外还可以设置预算提醒等功能。

表3-1 日常收入、支出记录

支出		收入	
事项	金额（元）	事项	金额（元）
早餐、中餐、晚餐	50	兼职收入	100
购买日常用品	30		

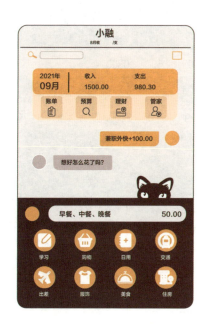

（二）复式记账法

"复式记账法"又称为"借贷记账法"，是目前通用的记账方法。举个简单的例子来说：

小融买一台笔记本电脑花费5000元，用银行存款支付，她在"银行存款"项目上记录了减少5000元，同时在"固定资产"项目上记录了增加5000元。这种并不是只记录一方，而是既记录"钱"是怎么花出去的，又同时记录"货"是怎么买进来的记账方法就是复式记账法。

三、制定并实施个人财务规划

（一）财务预算编制

大学生可根据自身的财务目标，科学合理地规划、预计及测算未来的收入支

出、现金流量增减变动和财务状况，并以简要财务会计报告的形式将有关数据系统地加以反映。

例如，小融进入大学初期，考虑到自己可能存在的收支情况，为自己编制了第一季度的财务预算表（见表3-2）。

表3-2　小融第一季度的财务预算

预算项目（均值）	一月（元）	二月（元）	三月（元）	合计（元）	说明
一、收入	3600	3600	3600	10800	
1.家庭供给	2000	2000	2000	6000	家庭所提供的大学期间各种形式的补给总计
2.奖金及补助	700	700	700	2100	奖助学金、比赛奖金以及可能存在的各类补助
3.理财收入	300	300	300	900	小融现投入理财资金100000元（以2021年现有理财产品为例）1年期理财产品预期年化收益率为3.6%，那么小融的理财预期收益为100000×3.6%×360/360，共计3600元，每月300元
4.兼职收入（或有）	500	500	500	1500	利用业余时间兼职收入
5.其他	100	100	100	300	节假日红包礼品或其他可能存在的合理收入
二、成本	3100	3100	3100	9300	
1.学杂费	1050	1050	1050	3150	包括学费及其附加必要支出
2.伙食费	850	850	850	2550	参考学校伙食及住宿标准均值
3.住宿费	150	150	150	450	
4.日常生活管理费	200	200	200	600	包括衣食住行等各类易损耗生活管理费
5.交通费	150	150	150	450	
6.通信费	100	100	100	300	
7.自我投资	300	300	300	900	包括培训考试、运动健身、兴趣爱好培养等多方面与提升自我相关的支出
8.社交费	200	200	200	600	包括宴客游玩、节日、生日礼物等必要社交支出
9.其他	100	100	100	300	
三、收益	500	500	500	1500	

例如，小融的学年综合成绩排名年级前20%，获得一等奖学金8000元，此外，小融在国家级大学生竞赛中获得团队三等奖，从奖金总额中分得500元。总的来说，小融一学年奖金及补助类收入8500元，将其平均到月入账约为700元。

此外，小融在课外学有余力时勤工俭学，每月5次，一次可分得的劳务费为100元，于是兼职收入项下月入账500元。

（二）财务预算分析

小融可在预算正式确定、实施之前对预算指标进行结合实际情况的分析调整。

（三）财务预算控制

小融应在财务预算施行的过程中在控制的范围、程度和频度上进行合理的安排，及时纠正操作偏差，进一步落实财务预算规划。

四、定期检视并调整财务规划

（一）财务预算评价考核

小融需要在确保预算与实际情况间差距可控的前提下追求更高的收益。可行的途径为在拓宽收益的同时合理节约成本。

（二）财务预算动态调整

确立了考核目标后，小融可进行预算动态调整，比如，在收入项下，除家庭供给项为固定收入外，其他项为随机收入，剩余项目均可通过努力学习、积极参加校内外活动与比赛以及理财经验的提升实现动态上浮调整。

五、养成良好的财务管理习惯

第一步，小融通过明确自身长短期财务目标形成财务预算目标并制定财务预算表。

第二步，每月初，小融对照制定好的财务预算表进行当月财务管理，将每一笔收支都用复式记账的方式写下会计分录，到了月底统一编制在自己的资产负债表中，做到账实相符，借贷相等。

第三步，小融根据预算执行实际结果与预算目标之间的差距进行考评分析，

同时对财务预算表实行适当动态调整，从而在减小预算误差的基础上实现持续性创收。

第三节　财务管理指标知多少

一、资产净值计算

资产净值是资产对应的总价值与其所包含的负债之差。对我们来说可以简单表示为去掉负债之后的净资产。

个人净资产=个人资产总值−个人负债总值

个人资产可以有现金、存款、理财、基金、债券、房产和车辆等，个人负债主要就是信用卡账单、消费贷款、房贷和车贷等。可以通过以下简单三步完成个人净资产计算：

Step1：列出所有资产项目并估值

例如，现在小融刚刚拿到生活费现金1000元，定期存款2000元，在银行购买理财产品5000元，购买基金市值2500元，还有一条生日时爸爸送的黄金项链3000元。小融可以填写表3-3。

表3-3　资产项目

单位：元

	估计值
个人固定资产	
住宅	0
汽车	0
珠宝	3000
其他	0
现金或储蓄	
现金	1000
活期储蓄	0

续表

	估计值
定期储蓄	2000
人寿保险（现金值）	0
其他	0
投资	
养老保险	0
基金	2500
理财产品	5000
其他	0
个人资产总值	**13500**

Step2：列出所有负债项目并估值

举例，本月小融需要偿还信用卡账单400元；年初通过购物网站分期购买的笔记本电脑还有3个月才能还完，每月还款205元（3×205=615）。小融可以填写表3-4。

表3-4 负债项目

单位：元

	估计值
贷款余额	
质押贷款	0
房屋贷款	0
购车贷款	0
房地产投资贷款	0
教育贷款	0
其他贷款	0
其他未偿还债务	
信用卡债务	400
分期债务	615
其他债务	0
个人负债总值	**1015**

Step3：计算个人净资产

个人净资产=个人资产总值-个人负债总值

例如，通过梳理和汇总小融个人资产总值为13500元，个人负债总值为1015元。小融个人净资产为12485元。

个人净资产=个人资产总值-个人负债总值=13500-1015=12485

二、投资收益计算

当我们有了一定资产，就可以尝试通过对外投入资金来获取收益，这种行为就是投资。

在不考虑资金时间价值和各类税费的前提下，个人投资收益可以简单计算为个人投资收入。收益率就是投资收入占投入资金的比例。

投资收益率=年投资收入/投入资金

大部分时候我们会以时间区间的形式表示，比如日收益率、月收益率，我们常说的收益率一般是指年收益率。

举个例子：

比如日收益率为0.05%。如果是10000元，那么，一天收益为5元（10000×0.05%=5），如果如此不变，周收益为7×5=35元，收益率为0.35%；月收益为30×5=150元，收益率为1.5%。一年的收益为365×5=1825元，也就是年化收益率为18.25%。

三、投资收益分配

收益率的本质是什么？投资者出钱，经营者出力，如果生产出来的商品或服务非常有竞争力，以较高的价格销售出去，社会就回馈给他们利润作为奖赏。反之，商品或服务不理想，那么投资者和经营者浪费了社会资源却没能创造价值，会得到负的收益（亏损）作为惩罚。

因此，投资收益的本质是投资者和经营者为社会创造的价值。而投资收益会在投资者和经营者之间进行分配，谁的能力和资源更强、谁作出的贡献更大谁就会获得更多的收益。

举个例子：

小融存了1万元定期存款，每年稳定获得300元收益。

这里投资者显然是小融，经营者是银行。银行拿着这笔钱进行劳动和经营，主要是放出贷款或者同业拆借出去，相当于销售了金融产品或服务获取回报400元。银行之间的同质化竞争决定了银行只能拿走100元，小融拿到300元。小融的年化投资收益率为

$$300/10000=3\%$$

小融买了1万元公募基金，每年的收益不确定。

这里投资者还是小融，这里的经营者就是公募基金公司。基金公司拿着这笔钱投资股票或债券，相当于付出了脑力劳动并提供金融服务而获取的回报。如果基金公司确实在投资标的和投资时点的选择非常优秀，取得了不错的收益，那么他们的服务非常有竞争力，为社会创造了价值。

在总收益的分配中，公募基金收取了申购费、管理费等费用，小融也得到了扣费后的收益600元。此时，小融的年华收益率为

$$600/10000=6\%$$

如果基金公司没能创造价值，那么基金公司则很可能会失去投资者口碑、流失规模，也受到管理费损失。小融赎回时投入资金受到损失，仅剩余9600元。此时，小融的年化收益率为

$$（9600-10000）/10000=-4\%$$

了解收益率计算公式和分配方式有什么用呢？

它有助于我们辨明收益来源、建立合理的收益预期、避免各种风险。

例如，有这么一位"朋友"说，他上周买的XX股票3个涨停板，赚了

30％多；今天YY马上暴涨，可以付费领取，仅限前50名。请问这件事情靠谱吗？要不要借钱"搏一把"？

那么你作为一个投资者，需要问自己以下两个问题：一是这位"朋友"是否拥有什么特别的能力和资源，可以为社会作出这么大的贡献，取得远远高于银行给出的回报率？二是我又拥有什么特别的能力和资源可以在收益的分配中跟他几乎平分？

第四章　珍惜我们的"信用名片"

第一节　征信是什么

场景描述

　　小京在宿舍和同学讨论，如果毕业1年后，找到了满意的工作，手头也有了些积蓄，他会买一辆属于自己的车。同学说他可以向银行申请购车贷款，但是发放贷款的银行需要查询他的个人征信报告。"征信"一词对小京来说有些陌生，但依稀记得在学校上古汉语专业课时，《左传》中见到过这个词。

一、征信概述

正如小京在课堂上所学，"征信"一词在我国最早出现在《左传·昭公八年》中，"君子之言，信而有征，故怨远于其身"，其中 "信而有征"即为"可靠而且有证据"。而"征信"被广泛用作"信用调查"的近义词。

而现如今我们讨论的"征信"，更多指代的是"信用记录"，也就是体现在"个人征信报告"内的相关内容。信用记录会如实记录你在银行借债还钱、遵守合同和遵纪守法的相关情况，既有你按时还款的记录，也有你不按时还款或者借钱不还的记录。

综上所述，征信是指依法收集、整理、保存、加工自然人、法人及其他组织的信用信息，并对外提供信用报告、信用评估、信用信息咨询等服务，帮助客户判断、控制信用风险，进行信用管理的活动。[1]

二、导致不良征信的原因

1.忽视互联网消费信贷产品还款。现在年轻人使用花呗、京东白条等一些"超前支付"方式的现象非常普遍，欠款要按时偿还，若逾期不还，会影响到个人征信。

2.房贷、车贷和信用卡逾期。为买房或买车办理贷款后，要按时还款，若拖欠贷款不还可能会被银行起诉，同样会被记录在个人信用记录中。同时要提醒大家，信用卡也是一种信用贷款，如果逾期未还，也是要"上征信"的。

3.替他人担保贷款。担保本身没有问题，若替他人担保后对方拒不还款，那么就会影响到担保人的个人信用，得不偿失。

综上所述，平时一定要多注意自己的还款时间，各种欠费记得及时缴清，要像爱护我们的眼睛一样，去守护我们的信用记录。

---

① 中国人民银行征信中心官网《征信基本概念》。

第二节　解读个人征信报告

场景描述

小京刚上大学时曾因忘记还信用卡的贷款，无意间造成逾期记录，发现后他及时还了贷款。他浏览自己的征信报告内容，看到了自己的信贷信息、担保情况和查询记录等。

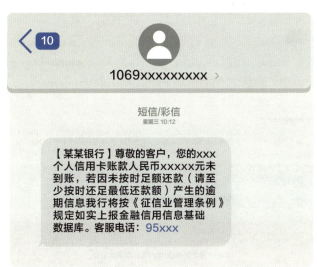

一、个人征信报告主要内容

（一）个人征信报告样本

如果你从来没有查询过个人信用报告，那你一定很好奇它到底"长啥样"吧？下面就是个人信用报告样本，一起来看看吧。

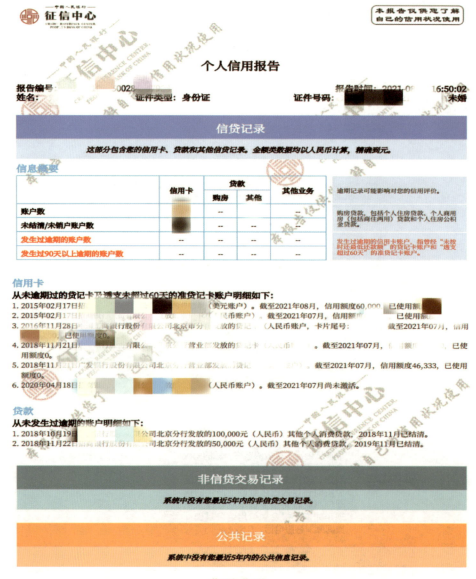

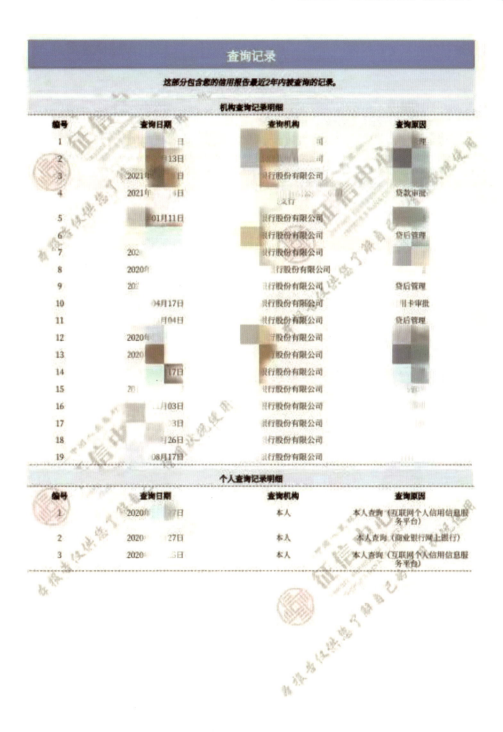

说 明

1.除查询记录外，本报告中的信息是依据截至报告时间个人征信系统记录的信息生成，征信中心不确保其真实性和准确性，但承诺在信息汇总、加工、整合的全过程中保持客观、中立的地位。

2.本报告仅包含可能影响您信用评价的主要信息。如需获取您在个人征信系统中更详细的记录，请到当地信用报告查询网点查询。信用报告查询网点的具体地址及联系方式可访问征信中心门户网站（www.pbccrc.org.cn）查询。

3.您有权对本报告中的内容提出异议。如有异议，可联系数据提供单位，也可到当地信用报告查询网点提出异议申请。

4.本报告仅供您了解自己的信用状况，请妥善保管。因保管不当造成个人隐私泄露的，征信中心将不承担相关责任。

5.更多咨询，请致电全国客户服务热线400-810-8866。

第3页，共3页

（二）征信报告主要内容

通过前面的样本，我们可以看到征信报告的内容主要包括：

1.基本信息。这部分记录了个人的身份信息、婚姻状况、证件信息等基本信息。

2.信贷记录。简单来说，就是个人借钱还钱的信息，比如贷款、信用卡的使用记录，是信用报告中最核心的信息。

3.非信贷交易记录。主要展示非信贷业务的一些付费类业务信息，主要包括水费、电费类等在内的一些信息。

4.公共信息。新版征信系统上线后，个人征信报告里包括了公共信息，会显示个人的欠税信息、民事判决记录、强制执行记录、行政处罚记录和电信欠费信息等信息。

5.查询信息。记录了最近一段时间，何人何时因为什么原因查询了你的征信报告。

二、不良信用记录保存年限

如果一旦因为某些原因，产生了不良的信用记录，那请在第一时间及时还款。根据《征信业管理条例》第十六条的规定："征信机构对个人不良信息的保存期限，自不良行为或者事件终止之日起为5年；超过5年的，应当予以删除。"这里需要注意，虽然不良信用记录5年后会被删除，但前提是要终止不良行为或事件。

三、征信记录如何进行异议申请

征信记录一旦提交，通常是无法更改和删除的。如果真的发现信用报告中存在错误或遗漏，该怎么办呢？

根据《金融信用信息基础数据库个人征信异议处理业务规程》（银征信中心〔2013〕97号）的规定："个人认为信用报告中的信息存在错误、遗漏的，可以亲自或委托代理人向征信中心、征信分中心提出异议申请。"

（一）本人提出异议申请

个人向征信中心、征信分中心提出异议申请的，应提供本人有效身份证件原件供查验，同时填写"个人征信异议申请表"，并留有效身份证件复印件备查。有效身份证件包括：身份证（第二代身份证须复印正反两面）、军官证、士兵证、护照、港澳居民来往内地通行证、台湾居民来往大陆通行证和外国人居留证等。

（二）委托他人提出异议申请

委托他人代理提出异议申请的，代理人应提供委托人和代理人的有效身份证件原件、"授权委托书"原件供查验，同时填写"个人征信异议申请表"并留委托人和代理人的有效身份证件复印件、"授权委托书"原件备查。另可自备填写完成"个人征信异议申请表""授权委托书"。

征信中心受理异议申请后，将联系提供此异议信息的商业银行进行核查，并于受理异议申请后的20日内回复异议申请人。到规定的20日后，异议申请人可到征信分中心领取回复函。

银行小课堂

个人征信报告查询渠道

现在每人每年有2次免费查询的机会，可以通过以下渠道查询：

1.现场查询：可以在所在地中国人民银行分支机构查询。目前遍布全国的2100多家人民银行分支机构都可以提供查询服务。

2.互联网查询：可以通过互联网提交查询申请，并在第二天获得信用报告。查询网址为https：//ipcrs.pbccrc.org.cn。

3.部分商业银行网点查询：近年来，人民银行启动了商业银行代理个人信用报告公众查询服务工作，部分商业银行网点购置了征信查询机，金融消费者可以到有自助查询机的商业银行网点自行查询。

4.部分商业银行手机APP查询：目前，部分商业银行APP可进行个人征信查询，采用这种方式属于通过第三方进行查询，因此需要与银行签订征信授权查询协议，授权银行查询金融消费者本人的征信报告。

第三节 我们的"信用名片"

场景描述

小京开着新买的车来参加大学同学聚会，原来住在小京隔壁宿舍的同学看到小京贷款买的车很羡慕，而他贷款买车的愿望却没有实现，因为他大学期间办理的助学贷款未能及时清偿，产生了不良信用记录，无法办理车贷。

一、不良信用影响

不良征信有哪些影响呢？仅仅是影响贷款吗？让我们一起来了解一下吧。

（一）影响个人贷款

如果有了不良征信记录，在金融机构是贷不到款的，无论是买房贷款，还是买车贷款，只要个人信用出现问题，贷款都是很难办理的，甚至连信用卡也办不了。

（二）影响个人就业

很多单位在入职前都会对你进行背景调查，如果查到你的不良征信记录，很有可能影响入职。

（三）影响家庭贷款

不良征信记录除了对自己有影响外，对家庭也是有一定影响的，比如夫妻双方，其中一人信用记录不良，那么另一个人想要贷款买房买车也会受到影响，比如利率的区别，甚至有可能被拒贷。

（四）影响生活和出行

目前，法院的"失信被执行人名单"已被录入征信系统，因此个人的被执行信

息是可以体现在征信报告中的。失信被执行人，是指具有履行能力而不履行生效法律文书确定的义务的被执行人，俗称"老赖"。一般发生还款逾期不会被列入违法的范畴，而失信被执行人将会受到法律的惩戒，并被限制高消费、出行等活动。

二、如何正确维护个人征信

个人征信是我们的"信用名片"，请务必爱惜。

日常生活中，应主动与银行保持畅通的联系渠道，如更换手机号码，应及时告诉银行，准确提供自己的基本信息。同时要量入为出，按时还款、避免出现逾期。如果已有逾期记录，应尽快还款，积极采取措施避免再次发生。如果逾期信息有误，应尽快提出申请，及时纠正。

爱护自己的身份信息，不要将身份证借给别人，不要随意把个人信息提供给他人。一旦发现自己的身份信息被盗用，应尽快向公安机关报案，维护自己的合法权益。

三、征信相关典型案例分析及风险防范

下面就让我们一起看看相关案例吧。

❯ 案例一："第三方代理还款"惹的祸

2016年2月14日，某县的孟先生因购房计划，向该县农联社申请个人住房按揭贷款10万元，期限为10年。但县农联社在审查其个人信用报告时发现，2013年4月11日，孟先生在一家银行办理了汽车消费贷款，还款期限为24个月，贷款现已还清。但在还款的两年时间内，其信用报告中显示"累计逾期次数16次"。面对如此多的不良记录，农联社审贷会没有通过孟先生的住房贷款审批。

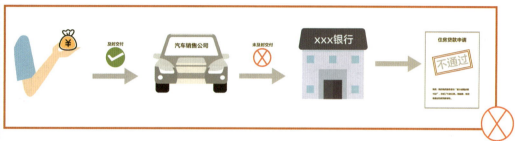

后经多方调查，孟先生办理汽车消费贷款后，都按时将应还款金额交给某汽车销售公司，但这家汽车公司，却没有及时将孟先生的钱划转给银行，所以造成了孟先生信用报告中出现多次逾期，形成了不良记录。

为避免这种情况的发生，建议个人最好直接与银行办理相关信贷业务，如果采用第三方代理的方式，应特别注意代理合同的相关条款，并关注自己的信用记录。万一发生第三方机构未及时向银行还款的情况，应及时与第三方机构进行交涉，必要时可通过司法途径维护自己的合法权益。

❯ 案例二：信用卡透支不按期还款也被记入征信系统

黄某，经营着一家钢铁公司，资产过亿元，前不久因业务需要，向银行申请贷款，银行通过认证调查，认为可以为黄某发放贷款，但在办理贷款的过程中，银行发现黄某的个人征信报告中有不良记录，经查，黄某在一年前办过一张信用卡，该卡有透支5期未还的记录。因此，黄某此次贷款申请没有通过，黄某十分懊悔。

这个案例充分提示我们按时还款的重要性，虽然征信平时看不见摸不着，但它会完整地记录你在银行借贷、履行合同和遵纪守法的情况。珍惜个人征信，让信用成为美好生活的通行证！

案例三：谨防征信洗白诈骗

只要交纳佣金就能洗白征信？田先生最近收到了一条短信。短信中说，只要田先生交纳一定的佣金，就能通过一定的方法，来"洗白"自己的个人征信记录，不仅能够保证拿到银行的贷款，而且放贷的速度也更快。田先生说："我打电话过去咨询了，那边说只要付钱，都能够'操作'。"然而，当田先生再次拨通了这个电话，并问到采取怎样的方式来进行"操作"，对方则回答说"不方便透露"。当田先生想要了解更多的信息时，对方挂断了电话，并且没有再接听。

近年来，市场上出现了多种以征信"洗白""逾期铲单"等为噱头的涉嫌诈骗的广告，谎称认识人民银行或金融机构内部人士，帮助将个人还款逾期的征信"洗白"，诱使心存侥幸的人落入圈套而遭受财产损失。凡是声称花钱就能洗白个人征信的100%是骗局，即使是人民银行的工作人员也无权随意查看他人的信用情况，更何况修改。希望大学生们提高警惕，树立正确的消费观，维护自己的个人信用。

第五章 保险保障美好生活（一）

第一节 有风险就有保险

一、风险，就在我们身边

常言道："天有不测风云，人有旦夕祸福。"所谓风险，是指人们生活中客观上存在且无法预测的、能导致人们的生产和生活遭受损失的一种可能性。

2021年7月17日，河南省遭遇极端强降雨，郑州、新乡、周口等地的150个县（市、区）1602个乡镇遭受洪水灾害，造成302人遇难，50人失踪。根据官方通报的数据，此次暴雨灾害导致郑州的直接经济损失高达650亿元以上。

根据河南省气象局消息，2021年7月18日，郑州市单日降雨量突破建站以来历史极值，单小时降雨量超日历史极值，降雨强度历史罕见，实属"千年一遇"。洪水淹没农田，冲毁房屋，造成人身伤害和财产损失，再次印证了风险无处不在。

二、保险，应对风险的重要手段

在全力抗洪救灾的同时，人们也不禁思考：当灾难突然发生时，如何将损失降到最低？根据风险可能带来的损失的性质，风险可以分为纯粹风险与投机风险。为了设法避免可能造成的损失，我们有必要采取预防措施来积极应对风险。通过预防风险，可以消除或者减少损失和不幸事件发生的可能性；抑制风险，可以在损失发生时或发生后将损失程度降到最低；转移风险，则是通过某种安排，把自己面临的风险全部或者部分转移给另一方。保险便是转移风险的一种重要手段。

来自河南防汛救灾新闻发布会的数据显示，截至2021年8月25日，河南保险业共接到理赔报案为51.32万件，初步估损为124.04亿元，已决赔付为34.6万件，已决赔款为68.85亿元，预计后期报案数量仍将持续增长。自然灾害来临，保险行业在统筹全国理赔资源、救援保障、应急资金等方面给予了强有力的支撑。

不断寻求保障、规避风险是人的本能。风险事故的发生是不确定性的，一旦发生就必然会带来损失，而转移和化解风险最有效的方法便是保险。

三、保险，相伴守护您的一生

人生是一趟单程列车，无论是谁都难以规避生老病死和种种不测。风险是无处不在的，很多时候我们无法阻止风险的发生，但我们却可以选择面对风险时的姿态和方式。

一般而言，我们配置保险的原则是从自己的实际情况出发，按照风险管理的先后顺序进行，先保易发生的和时间上较为紧迫的问题，然后逐步完善家庭保障。

按照这种规律，购买保险产品的优先次序可总结为：第一张保单是意外伤害保险；第二张保单是健康保险；第三张保单是人寿保险；第四张保单是儿童教育保险；第五张保单是养老年金保险；第六张保单是财富规划类保险；第七张保单是财富传承类保险。在人生的不同阶段，你应该以这样的顺序配置"人生的7张保单"。

1.意外伤害保险

意外伤害保险是人身保险业务之一。以被保险人因遭受意外伤害造成死亡、残疾为给付保险金条件的人身保险。

3.人寿保险

人寿保险是人身保险的一种，以被保险人的寿命为保险标的，且以被保险人的生存或死亡为给付条件的人身保险。与其他保险不同的是，人寿保险转嫁的是被保险人的生存或者死亡的风险。

2.健康保险

健康保险是指保险公司通过疾病保险、医疗保险、失能收入损失保险和护理保险等方式对因健康原因导致的损失给付保险金的保险。

4.儿童教育保险

儿童教育保险又称作儿童教育金保险，也叫作少儿教育险，是针对少年儿童在不同生长阶段的教育需要提供相应的保险金。

5.养老年金保险

养老年金保险是一种特殊的保险，与大家常接触的意外伤害保险、重大疾病保险不同。养老年金保险是当被保险人到了保险合同规定的年龄时，开始定期返还一定的保险金。相较其他商业保险产品，养老年金保险是被保险人越长寿，领取的保险金越多。

6.财富规划类保险

伴随着子女长大和财富累积，很多人在这一阶段的经济实力较其他阶段更为雄厚。此时可以考虑购买财务规划类保险（第六张保单），例如投资连结保险及分红保险等新型产品，把这些产品作为日后养老资金的来源之一。

7.财富传承类保险

退休后的生活责任最轻，保费支出大大降低。寿险身故保障的主要目的在于传承财富，此时，我们可以配置财富传承类保险（第七张保单），将一生积累的资产传承下去。

1.意外伤害保险

2.健康保险

3.人寿保险

4.儿童教育保险

5.养老年金保险

6.财富规划类保险

7.财富传承类保险

图 5-1　人生的 7 张保单

许多大学生是第一次出远门，第一次离开父母的庇护，对社会了解还不是很多，自我保护意识还不是很强，容易出现意外事故。因此，对年轻人而言，首先要买的应该是意外伤害保险（第一张保单）。

TIPS：什么是意外伤害保险？

意外伤害保险是人身保险业务之一，是以被保险人因遭受意外伤害造成死亡、残疾为给付保险金条件的人身保险。①

由于现代社会工作节奏日益加快，年轻人应酬频繁、经常熬夜加班，再加上不合理的饮食结构等因素的影响，重大疾病已开始"盯"上了年轻人，健康风险开始冒头。这时，重疾险和医疗险的重要性开始凸显。投保健康保险（第二张保单），能为不幸罹患重大疾病的人提供一笔经济补偿，用于疾病治疗和维持生活。

TIPS：什么是健康保险？

健康保险是指保险公司通过疾病保险、医疗保险、失能收入损失保险和护理保险等方式对因健康原因导致的损失给付保险金的保险。②

随着年龄的增长与收入的增加，在年轻时购买保险基础上，我们可以考虑完善人寿保险（第三张保单）及进一步增加重疾险保障额度。

TIPS：什么是人寿保险？

人寿保险是人身保险的一种，以被保险人的寿命为保险标的，且以被保险人的生存或死亡为给付条件的人身保险。与其他保险不同的是，人寿保险转嫁的是被保险人的生存或者死亡的风险。③

结婚成家后，我们肩负的家庭责任加重了。子女出生后，非常有必要提前为孩子的教育经费做好谋划，避免因父母（监护人）出现意外或发生其他事件，影响对孩子的教育规划安排。我们可以为孩子储备带有保费豁免功能的教育金保险，配置儿童教育保险（第四张保单）。

① 李伟民.金融大辞典（四）[M].哈尔滨：黑龙江人民出版社，2002.
② 中国保险监督管理委员会《健康保险管理办法》。
③ 中国保险监督管理委员会举办的"保险知识大讲堂"。

TIPS：*什么是儿童教育保险？*

儿童教育保险又称为儿童教育金保险，也称为少儿教育险，是针对少年儿童在不同生长阶段的教育需要提供相应的保险金。[①]

当前，养老已成为社会各方关注的重点问题。由于社会养老保险只能提供最基本的生活保障，所以有经济条件的投保人可以在社会养老保险的基础上再投保一份养老年金保险（第五张保单），提升老年生活质量。

TIPS：*什么是养老年金保险？*

养老年金保险是一种特殊的保险，与大家常接触的意外伤害保险、重大疾病保险不同。养老年金保险是当被保险人到了保险合同规定的年龄时，开始定期返还一定的保险金。相较其他商业保险产品，养老年金保险是被保险人越长寿，领取的保险金越多。[②]

伴随着子女长大和财富累积，很多人在这一阶段的经济实力较其他阶段更为雄厚。此时可以考虑购买财务规划类保险（第六张保单），比如投资连结保险及分红保险等新型产品，把这些产品作为日后养老资金的来源之一。

退休后的生活责任最轻，保费支出大大降低。寿险身故保障的主要目的在于传承财富，此时，我们可以配置财富传承类保险（第七张保单），将一生积累的资产传承下去。

TIPS：*哪些保险产品具有财务规划与传承作用？*

投资连结保险是指包含保障功能并至少在一个投资账户拥有一定资产价值的人身保险产品。[③]

分红保险是指保险公司将其实际经营成果优于定价假设所产生的盈余，按一定比例向保单持有人进行分配的人身保险产品。[④]

[①] 周华.子女教育金理财规划[D].昆明：昆明理工大学，2013.

[②] 何盛明.财经大辞典[M].北京：中国财政经济出版社，1990.

[③] 北京保险行业协会，永兴元保险发展服务中心.人身保险新型产品基础知识及实务[M].北京：光明日报出版社，2015.

[④] 北京保险行业协会，永兴元保险发展服务中心.人身保险新型产品基础知识及实务[M].北京：光明日报出版社，2015.

通常来说，年金保险、投连险及分红型保险等保险产品具有财务规划与传承作用。

四、保险的类别

从目的和性质来看，保险可以分为社会保险（以下简称社保）与商业保险（以下简称商保）；从保险标的来看，保险可以分为财产保险和人身保险。

（一）社保与商保

对于刚刚走上工作岗位的年轻人而言，首先接触的是社会保险，其主要包括养老保险、医疗保险、失业保险、工伤保险和生育保险等项目。而商业保险，作为社保的有力补充，随着我国社会主义市场经济体制的进一步完善和居民收入的持续提高，商业保险逐步普及，对于提高社会保障水平，促进社会保障体系的发展和完善发挥着重要作用。

社保是国家的福利体现，具有一定的强制性，体现了"社会公平、人人公平"的原则；而商保是一种个人行为，是自愿的，是个人按自己的经济能力，在社保的基础之上自行规划或单独购买的，是一种更高层次的生活安排和体现。二者在保险性质、保障内容和保障时间等方面都有着截然不同的作用。

（二）财产保险与人身保险

按照保险标的不同，保险可以分为财产保险和人身保险，二者都隶属于保险领域，所以具有一定的共性，比如都能在遭受不幸事故或灾难时，解除被保险人经济上的后顾之忧等。但是，财产保险和人寿保险的性质有很大的区别。

财产保险以物或其他财产利益为标的，比如家庭财产保险，保险标的是房屋，包括暖气、管道煤气和厨房设备等固定装置。而人身保险则是以人的生命、身体或健康作为保险标的的保险，譬如寿险、医疗险、重疾险等。①

---

① 财险、房贷险教你应对意外灾害"突袭". OK保险网.

五、中国的保险市场前景无限

经过了改革开放40年的发展，如今的中国保险业已经站在了新的发展起点。截至2020年12月末，我国保险业实现原保险保费收入4.53万亿元，保险公司总资产达23.3万亿元，①我国已成为全球第二大保险市场，保险业已经具备了实现高质量发展的现实基础，近十年来，超过20%的年均增速也使得保险业成为中国增长最快的产业之一。

但是放眼世界来看，不可否认的是，我国保险业还处在发展的初级阶段，与发达保险市场还存在不小的差距。

从保险深度来看，中国保险深度在2011—2017年与全球平均保费收入差距不断缩小，2017年之后差距又不断扩大，据不完全统计到2021年上半年中国保险深度为5.09%②，世界保险深度2020年在7.3%左右。

从保险密度来看，2011—2019年，中国人均保费不断增长，保险密度与世界水平差距不断缩小，但差距依然很大，2021年上半年我国保险密度达1919.49元③，与世界保险密度相比仍存在差距。中国人均保费与世界人均保费相比差距仍然很大，显示出巨大的市场潜在空间。④

TIPS：保险深度和保险密度⑤？

保险深度是指当地保费收入与地区生产总值（GDP）之比。

保险密度是指按当地人口计算的人均保险费额（保费收入/总人口）。

保险深度可以衡量保险业在国民经济中的发展状况及重要程度，而保险密度则反映了保险的普及程度和保险业的发展水平。⑥

---

① 保险业上年揽单526.34亿件，增长6.25%，资金运用余额为21.68万亿元，近四成投资债券。——徐佳.[N].北京：长江商报，2021-02-08.

② 金融界：https：//baijiahao.baidu.com/s?id=1708051237216938727&wfr=spider&for=pc.

③ 金融界：https：//baijiahao.baidu.com/s?id=1708051237216938727&wfr=spider&for=pc.

④ 深度解读！2020年全球保险行业市场现状与发展趋势分析 中国保险业与世界差距甚远，前瞻经济学人，2021-03-09.

⑤ 金融界：https：//baijiahao.baidu.com/s?id=1708051237216938727&wfr=spider&for=pc.

⑥《中国银行保险报》http：//xw.sinoins.com/2021-08/17/content_406558.htm.

第二节　商业保险的社会责任

一、保险——社会"稳定器"

（一）构建社会保障体系

1.提高医疗体系保障水平

案例

> 案例一：创新医疗新服务

2018年，北京大兴区一位乡村医生在为病人诊疗的过程中，不慎造成患者死亡。某财险公司接到报案后，积极联系北京市医疗纠纷人民调解委员

会为医生和患者家属进行调解，并按医疗责任保险合同赔付死亡患者家属10万元，受到了医院和患者家属方的认可，避免了医疗纠纷的发生。近年来，北京市16个区县的各级医院均投保了"医疗责任保险①"，通过商业保险有效转嫁医疗机构依法应当承担的对患者的人身伤亡事故和财产损失的民事赔偿责任，为化解医疗责任风险事故提供了有效助力。

案例二：创新多层次医疗保险模式

2020年，《关于深化医疗保障制度改革的意见》明确提出，到2030年，全面建成以基本医疗保险为主体，医疗救助为托底，补充医疗保险、商业健康保险②、慈善捐赠、医疗互助共同发展的多层次医疗保障制度体系。

浙江省推出的由政府主导、商业保险公司承办的全民健康补充医疗商业保险"浙丽保"，创新了政府推动下的商业健康保险模式，2021年参保人数达204.2万人，占基本医疗保险参保数的85.23%，远超全国各类商业健康保险。其中，60岁以上老人参保人数为52.35万人，占25.67%；百岁以上老人参保人数为328人，最高年龄110岁；上年度已患慢病和特殊病种参保人数为25.14万人，占12.3%。

2.完善养老保障体系

（1）参与基本养老保险经办服务。保险业充分发挥精算技术、风险控制、资金管理和服务网络等方面的优势，为各类基本养老项目提供经办服务。截至2020年底，保险业在江苏宜兴市、四川德阳市旌阳区、浙江衢州市衢江区、江苏楚州和连云港、四川什邡和绵竹等全国多地承接新型农村养老保险业务经办管理，促进了我国养老事业快速、高质量发展。

---

① 《医疗纠纷预防与处理条例》。
② 张晓.商业健康保险[M].北京：中国劳动社会保障出版社，2004.

（2）为企业提供补充养老保险产品服务。保险业积极参与企业年金计划的运营和管理，提供商业年金保险产品，满足不同群体、不同层次的养老保障需求，提高养老保障水平。截至2020年末，我国保险业已为7.4万家企业提供受托管理服务，覆盖超过1500万人，累计受托管理资产1.15万亿元，约占企业年金法人受托业务的70%。

（3）投资养老服务产业。近年来，保险业积极响应《国务院关于加快发展养老服务业的若干意见》，投资建设养老社区，不仅有效解决我国养老机构床位不足、缓解人口老龄化的问题，同时直接带动建筑、建材等行业发展，促进经济繁荣。截至2020年末，共有10家保险机构在全国范围内投资兴建了49个养老社区项目，建筑面积近1500万平方米，累计床位为8.9万个，分布于北京、上海、海南、江苏、广东、安徽等东部沿海以及中部的20个省、市。

3.参与民生工程建设

> **案例三：保险资金首次参与棚户区改造**
>
> 2014年7月，某保险资产管理有限责任公司运用股权投资和委托建设相结合的方式，出资设立上海虹口城市建设改造与投资管理中心，形成保险机构出资、土地发展中心掌控土地权属的合作模式。这是保险资金首次深度参与棚户区旧区改造民生工程，其设立的"上海城市建设与改造项目资产支持计划"募集资金18亿元，通过上海虹口城市建设改造与投资管理中心投资用于虹口区11街坊面积超过1万平方米旧区改造项目。

（二）提高社会治理水平

1.积极参与社会治理

> **案例四：保险机构与政府合作开展农村住房保险**[①]
>
> 北京郊区夏季自然灾害频发，暴风、暴雨、冰雹等灾害会对农村房屋等

---

① 民政部、财政部、中国保监会《关于进一步探索推进农村住房保险工作的通知》（民发〔2012〕234号）。

财产造成破坏。为保障农民房屋财产安全，据悉，2018年开始某保险公司与政府合作开展农村住房保险项目。农村住房保险项目累计在北京市多个区县实现统保，包括昌平、密云、平谷、门头沟、房山、顺义、怀柔等，农村住房保险可以作为社会救济的有效补充，为在自然灾害和意外事故中房屋受损的农户提供自然灾害救济，有效提高了农村保障水平。

2. 健全基层治安防控体系

◉ 案例五：治安保险参与平安建设

2018年，某保险公司针对北京市保安群体定制了专属雇主责任险方案，可以快速解决保安类企业的风险问题。若雇员在受雇过程中，因遭受意外导致受伤、死亡等事故，由保险公司给予相应的经济赔偿，有效解决了保安类企业用工风险，为首都的治安稳定提供了强有力的后续保障。

3. 协助政府处理特殊事件

◉ 案例六：奶粉事件患儿医疗赔偿基金

2008年，三鹿牌婴幼儿奶粉事件发生后，党中央、国务院高度重视，有关部委责成中国乳制品工业协会协调有关责任企业，出资筹集设立奶粉事件患儿医疗赔偿基金，委托某保险公司具体承办医疗赔偿基金的报销管理服务。该保险公司以公益原则推进该项目，将医疗赔偿基金及其利息全部用于患儿相关疾病的医疗费用报销，及时、有效地维护了社会稳定，受到相关部委及委托单位的充分肯定。

二、保险——经济"助推器"

（一）完善经济补偿机制

1.大力发展农业保险①

> 📎 **案例一："政策性农险②+商业农险"，为京郊农业提供双保险**

　　2018年，北京双河农场遭受特大风灾侵袭，种植保险承保公司运用卫星遥感技术，对倒伏的10万余亩水稻进行遥感侦测核定损失，最终赔款1530万元。水稻收获期结束后，双河农场提出水稻的实际价格低于目标价格，价格指数保险承保公司立即聘请第三方专家进行评估，最终赔付价格指数保险1567万元。

2.合作推行巨灾保险③

> 📎 **案例二：灾情救助及时赔款**

　　宁波市是我国"巨灾保险示范区"，自2014年11月开始，宁波市政府

---

① 《农业保险条例》。

② 《中华人民共和国农业法》。

③ 埃瑞克·班克斯. 巨灾保险[M].杜墨，任建畅，译. 北京：中国金融出版社，2011.

和保险公司合作，3800万元购买了总额为6亿元的巨灾保险为市民提供保障，提供每人最高额度为10万元的居民人身伤亡抚恤和每户家庭最高额度为2000元的家庭财产损失救助。2015年7月，"灿鸿"以强台风级别在浙江省登陆，导致宁波市109个乡镇受灾，造成巨大的经济损失。"灿鸿"台风巨大灾害发生后，保险公司在短短的1周时间内完成了6.7万户受灾居民的查勘和5.1万户的定损，保险赔偿达2900多万元。

（二）服务国家经济转型

1.支持实体经济发展

❯ **案例三：保险科技产品创新、服务创新、政策创新、模式创新**

某保险公司通过提供充足的事后经济补偿、事前事中风险预防管控，助力实体经济"止血回血"。2020年，累计为人民群众和实体经济提供风险保障金额超450万亿元（境内），同比增长超20%；为重大项目建设和实体企业发展提供风险保障超10万亿元，同比增长超15%。全年承保超五百万级项目52个，超千万级项目31个；办理保单质押借款超3000亿元，大大缓解了小微企业主客户的资金压力；全面推广复工复产保险，为近7万家小微企业复工复产提供保险保障。投资方面，将国家发展的重点区域和重点产业、重点工程作为服务主阵地，对实体经济进行资金"输血"，持续提升服务质效。截至2020年末，该保险公司服务实体经济直接投资存量规模突破2.8万亿元，通过债券、债权、股权等方式，不断加大对战略性新兴产业、科技企业、"两新一重"、先进制造业的中长期资金支持力度，支持京津冀协同发展、粤港澳大湾区建设、长三角一体化发展、西部大开发、东北振兴等国家区域战略，以及"一带一路"建设、污染防治等。

2.促进现代金融业发展

保险与银行、证券一同构成金融业的三大支柱，保险业的发展壮大对于优化金融结构、提高金融体系运行的协调性和稳健性具有重要意义。由于保险资金具有长期性、稳定性的特点，通过保险资金运用建立起来的社会融资机制，有助于解决我国金融体系中普遍存在的资金使用期限错配的问题。近年来，保险业不断推进保险资金运用市场化改革，努力促进现代金融体系的完善。

3.推动企业"走出去"

> **▶ 案例四：以保险维护知识产权**
>
> 2021年4月，上海浦津实业有限公司等5家上海徐汇区的企业与某保险公司签订了知识产权海外维权保险[①]，开启了上海全市知识产权海外维权保险的先河。
>
> 随着全球化的不断深入和科学技术的迅猛发展，知识产权国际化的步伐也在不断加快。与此同时，中国企业在海外遭遇知识产权纠纷的情况呈多发易发趋势，企业对于海外维权的需求越来越高。上海徐汇区市场监管局充分发挥保险的经济补偿和风险防范的双重功能，积极对接保险机构，推动和指导其开展企业知识产权海外侵权责任险。同时，以知识产权运营服务体系重点城市建设为契机，对开展专利、商标保险的徐汇区的企业给予实际支付保费金额50%的财政补助，切实减轻企业经济负担，这一政策红利也大大提升了企业对于知识产权保险的意识和参与度，为中国企业"走出去"保驾护航。

（三）夯实行业发展基础

1.建设中国特色保险监管制度

我国的保险监管架构经历了分业监管和混业监管时期，1998年11月18日，中国保险监督管理委员会成立。2018年4月8日，中国银行保险监督管理委员会正式挂牌，依照法律法规统一监督管理银行业和保险业，维护银行业和保险业合法、稳健

---

① 中国贸易救济信息网《上海推出知识产权海外维权保险：为中国企业"走出去"保驾护航》。

运行，防范和化解金融风险，保护金融消费者合法权益，维护金融稳定。

2.加强保险文化建设

2013年，为进一步加强保险公众宣传工作，不断提高全社会保险意识，中国保监会决定，将每年7月8日确定为"全国保险公众宣传日"。自2013年举办首届活动以来，已连续举办9年。

宣传日主题：

2013年，"保险，让生活更美好"

2014年，"爱无疆 责任在行"

2015年，"一键保险，呵护无限"

2016年，"保险，一切更简单"

2017年，"远离贫困，从一份保障开始"

2018年，"守护美好，从一份保障开始"

2019年，"爱国爱家，从一份保障开始"

2020年，"同心同行，我们在一起"

2021年，"不忘初心，守护美好"

第六章　保险保障美好生活（二）

第一节　新生入学第一课

　　每年9月，大学新生开学季正式拉开了序幕，莘莘学子怀着对大学生活的美好憧憬步入大学校园，开始独立面对新环境和新生活，这一切充满了期待和挑战。他们如初飞的小鸟第一次脱离了父母羽翼的庇护，即将独自面对日常生活中可能遇到的各种各样的风险，那么怎样才能为他们建立一张风险保障网呢？下面就让我们跟着主人公小京和小融一起了解一下吧。

一、校园内的人身保障

9月开学季,小京和小融在学姐的指引下来到新生报到处办理了入学手续。

 **场景描述**

[学姐] 小京、小融以后就要独立生活了,一定要注意在校期间的人身安全,为了减轻因意外伤害导致的医疗负担,你们可以自愿选择投保学平险,这是学平险投保告知书,一定要仔细阅读,这是关系到你们切身利益的。

[小京] 学姐,学平险是什么?

[学姐] 学平险,全称为"学生平安保险",是保险公司专门针对在校学生开发的以在校学生为被保险人的一款综合保险,属于人身意外伤害保险的范畴,保障

范围涵盖了意外伤害身故、残疾，疾病身故，意外伤害门（急）诊医疗，意外和疾病住院医疗，校园意外伤害医疗/残疾/身故等责任。学平险可以有效减轻因意外伤害导致的医疗负担，是大学生公费医疗和社会医疗保障的有效补充。[①]

那我们投保学平险应该注意什么呢？

1. 投保自愿。学平险与普通的意外伤害保险相比具有保费低、保障全的特点，由学生或家长自愿选择投保，任何单位和个人都无权强制消费者投保。

2. 投保限制。根据《保险法》的规定，未成年学生投保学平险只能由父母或法定监护人作为投保人，而且保险金额不得超过国务院保险监督管理机构规定的限额（即被保险人不满10周岁的，不得超过人民币20万元；被保险人已满10周岁但未满18周岁的，不得超过人民币50万元）。

3. 看清条款。投保时，要仔细阅读保险条款中的保险责任和责任免除的内容，遇到不明白的内容，要及时询问保险公司，对保险责任和责任免除内容确认无误后再进行投保。

小贴士： 如果发生保险事故，可以按照如下流程（见图6-1）进行理赔，虽然保险公司众多，不同保险公司理赔流程略有差异，但大体流程都是统一的，同学们要牢记哦。

---

① 北京银保监局："学平险"为在校学生保驾护航。

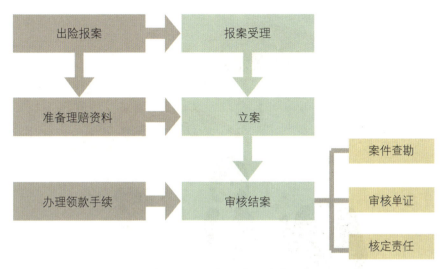

图 6-1 保险公司理赔流程

二、安全无忧的校园生活

（一）校方责任险①

[小融] 原来还有这种保险，学平险的作用可真大呀！

[学姐] 不仅如此，学生在校园内的日常活动或参加学校组织的统一活动难免存在一些风险，可能对学生造成人身伤害和财产损失。为了维护正常的教育教学秩序和社会的稳定，针对学生在校期间发生的人身伤害和财产损失，学校作为投保人，投保了校方责任保险，用于对学生在校期间发生的人身伤害和财产损失进行赔偿。

---

① 教育部　财政部　中国保险监督管理委员会《关于推行校方责任保险完善校园伤害事故风险管理机制的通知》（教体艺〔2008〕2号）。

校方责任险和学平险有什么区别?

    1. 两者保险性质不同。校方责任保险是一种责任保险，具有损失补偿的性质，保障的是学校对学生伤害事故的责任风险。而学平险属于人身保险范畴，对学生的身故、意外伤害、住院医疗等进行保障。

    2. 被保险人不同。校方责任保险的被保险人是学校，理赔时需要由学校提出。学平险的被保险人是学生，理赔时需要由学生提出。

3. 赔偿依据不同。校方责任险只有当被保险人依照法律对第三者财产损失和人身伤害负有经济赔偿责任时，保险人才履行赔偿责任；学平险则不论事故起因，凡属于保险责任范围内的事故造成被保险人死亡、伤残，保险人均负责赔偿。

小贴士：自2012年开始，北京市各区县教委都统一投保了校方责任险，对于学校防范和妥善化解各类校园安全事故责任风险，解除学校和家长的后顾之忧，维护学校正常教育教学秩序和保障广大在校学生的权益，避免或减少经济纠纷，维护校园和谐稳定起到了很大作用。

（二）食品安全责任险①

[**学姐**] 除了人身安全和财产安全，学校食堂还投保了食品安全责任险，为学生的食品安全提供了保障。

[**小京**] 食品安全责任险又是什么呢？

[**学姐**] 食品安全责任险属于产品责任保险，是以被保险人对因其生产经营的食品存在缺陷造成第三者人身伤亡和财产损失时依法应负的经济赔偿责任为保险标的的保险。即在保险有效期内，由于被保险人所生产、出售的食品存在缺陷，对使用、食用该食品的人造成人身伤害、疾病、死亡或财产损失，依法应由被保险人负责时，保险人根据保险合同的规定，在约定的赔偿限额内负责赔偿。

---

① 中国保险行业协会：《餐桌上的安全 舌尖上的保险》。

［小融］看来在学校食堂就餐还是比较有保障的，但是我们还经常在网上订外卖，怎么保障食品安全风险呢？

［学姐］目前市面上正规的外卖平台、食品销售、餐饮等相关行业，都要求投保食品安全责任险，如果遇到食品安全问题是可以要求赔偿的。

食品安全责任险的保险责任包括哪些？

被保险人提供的食品发生保险合同约定的食品安全问题，如食物中毒或其他食源性疾患，或因食物中掺有异物，导致的第三方人身伤亡或者财产损失，投保企业或被保险人为减少损失而支出的必要而且合理的施救费用，依法应当由投保企业承担的事故鉴定、公证、诉讼等费用。

第二节　大学生活保障多

一、旅行中的意外风险保障

［场景一］开学不久，十一小长假就快到了，小京和小融两个宿舍的同学决定一起去旅游，看看祖国的大好风光。经过几天的挑选，他们最终决定了旅游目的地。为了让这次旅程更圆满，小京与小融分工合作，一人负责订机票，一人负责做攻略。

　　〔小京〕小融，我订机票的时候看到有加购保险的选项，有航班延误险、短期旅游意外伤害险，你了解过吗？

　　〔小融〕航班延误险我买过，我来上大学那次航班就延误了，没多久我就收到了赔付的钱，这个保险可以减少航班延误带来的损失。短期旅游意外伤害险我不太了解，小京你上网查查看。

　　〔小京〕查到了！购买了短期旅游意外伤害险后，在旅游的途中如因意外伤害导致受伤或死亡，保险公司就会支付一定的保险金，这个旅游意外伤害险还能够根据自己旅游的时长决定购买天数。

　　〔小融〕现在的保险种类真多，在生活中经常能感受到保险在提供保障。

　　旅游意外伤害险。在保险合同有效期内，在出差或旅游的途中，以意外伤害导致被保险人死亡或残疾为给付保险金条件的人身保险。

　　航班延误险。投保人（乘客）根据航班延误保险合同规定，向保险人（保险公司）支付保险费，当合同约定的航班延误情况发生时，保险人（保险公司）依约给付保险金的商业保险行为。

案例

　　李某于2020年3月跟闺蜜一起去贵州旅行，出发前李某为自己和闺蜜购买了短期旅游意外伤害险。这次旅行，李某在旅游时不幸被猴子扑倒，导致脚部扭伤，到贵州当地的人民医院就诊，诊断结果为软组织严重受伤，医

药、护理等费用花费了李某5000元左右，李某想起自己买过短期旅游意外伤害险，便向保险公司报案，保险公司经过调查和核实，共赔付了李某将近4500元。

🌻 场景描述 🔍

［场景二］

［小融］马上去旅游了，我打算网购一些零食、旅行包等物品。

［小京］我也打算网购，以前总怕网购买的东西不喜欢，退货麻烦，但现在网购一般都有购买退货运费险的选项。

［小融］对呀，购买了退货运费险后，如果要退货，保险公司就会承担一定金额的退货运费。

［小京］看来随着互联网的发展，保险的种类也在不断更新和增加。

　　退货运费险。在买卖双方产生退货请求时，保险公司对由于退货产生的单程运费进行赔付的保险。

　　其实在网络购物中，一直存在退货时由谁来承担运费而产生的纠纷与顾虑，就随之诞生了现在这种常见的退货运费险。根据市场中在售的保险产品来看，一般情况下，退货运费险保费是根据协议签订前3个自然月平均月度退货率确定的。

　　拿上旅游攻略，准备好零食和旅游用品，小京和小融两个宿舍的同学踏上旅程，一同度过了愉快的十一小长假。

二、体育赛事的公益志愿者活动安全保障

　　[场景一] 最近，学校正组织同学们报名城市马拉松赛活动的志愿者，小京、小融跃跃欲试。某天课间休息时，小京、小融在教室里谈论此事，正好保险老师听见了，也加入了讨论。

　　[小京] 老师，我们之前去旅游的时候购买过旅游意外伤害险，如果当志愿者的话也有类似的保险吗？

　　[老师] 当然，主办方一般会为志愿者购买人身意外伤害险，其实你们旅游时购买的旅游意外伤害险也是人身意外伤害险的一种。

　　[小融] 原来如此，那究竟什么是意外伤害呀？

　　[老师] 人身意外伤害保险中所称的意外伤害，是指在被保险人没有预见到或违背被保险人意愿的情况下，突然发生的外来致害物对被保险人的身体造成损伤的客观事实。

　　[小融] 如果我生病感冒了属于意外伤害吗？

[老师] 意外伤害必须具备几个条件：外来因素造成的、突发的、非本意的、非疾病的、伤害事实成立，所以感冒是否属于意外伤害呢？

[小融] 老师我知道了，感冒是疾病，所以不属于意外伤害。

人身意外伤害保险①。人身意外伤害保险，简称意外险，是指在保险合

---

① 北京保险行业协会，永兴元保险发展服务中心. 人身保险新型产品基础知识及实务[M].北京：光明日报出版社，2015.

同有效期内，以意外伤害导致被保险人死亡或残疾为给付保险金条件的人身保险。

意外伤害①。人身意外伤害保险中所称的意外伤害，是指在被保险人没有预见到或违背被保险人意愿的情况下，突然发生的外来致害物对被保险人的身体造成损伤的客观事实。意外伤害必须具备以下条件：外来因素造成的、突发的、非本意的、非疾病的、伤害事实成立。

场景描述

〔场景二〕

(路人甲)

---

① 北京保险行业协会，永兴元保险发展服务中心.人身保险新型产品基础知识及实务[M].北京：光明日报出版社,2015.

［小京］老师，如果马拉松比赛因天气、疫情等原因突然取消，有没有相关的保险保障呀？

［老师］有的，这类保险称为活动取消保险，如果体育赛事、演出、展览等活动因不能控制的原因所引起活动取消、活动中断、活动延期，保险公司将会赔付相关费用损失。

［小融］看来通过活动取消保险，活动主办方也能多一份保障，减少因活动取消造成的损失。

活动取消保险。由于突发事件或其他不可抗力引起活动被迫取消、放弃、延期、中断或者更换活动地点；活动取消保险是为其引起的经济损失提供保障。最常见的是大型会议、展览会、商品交易会、音乐会、娱乐演出及体育赛事等。

［场景三］

［小京］老师，如果在举办这次活动的场地有路人不慎滑倒受伤，有没有相关的保险呢？

［老师］你这个问题提得很好，有一种保险称为公众责任险，这是一类保障范围广泛的责任保险，公众责任保险主要承保被保险人由于意外事故造成社会公众的人身伤亡或财产损失依法应承担的经济赔偿责任。

［小融］第一次听说公众责任这个概念，老师您能详细介绍一下吗？

[老师] 公众责任[1]是指公民或法人在其民事活动中因为意外事故导致社会公众遭受人身伤亡或财产损失，依法对受害者承担的民事赔偿责任。

[小融] 原来是这样，那许多地方都存在公众责任风险吧。

[老师] 没错，公众责任风险普遍存在，例如工厂、商店、饭店、电影院、企业等公众场所，或者展览、比赛、表演等活动场合。公众责任保险有助于因地制宜解决社会发展中的实际问题，它维护的是公众的利益，由于受益群体广泛，覆盖面较宽，具有很好的社会公益性。

(路人乙)

公众责任保险[2]。以被保险人的公众责任为承保对象，承保被保险人在

---

① 曹晓兰.财产保险[M].北京：中国金融出版社，2007.
② 曹晓兰.财产保险[M].北京：中国金融出版社，2007.

经营场所内从事生产、经营等活动时，因过失导致意外事故发生，造成第三者人身伤亡或财产损失的经济赔偿责任。

案例

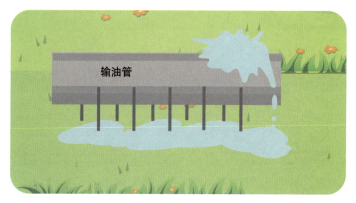

　　陕西省某县输油管道，因被不法分子打孔盗油造成严重漏油事故，现场燃油喷射达30米，造成农田污染600余亩、林地100余亩、污油土5000吨以上。此案在当地引起较大影响，政府高度重视。保险公司采用GPS定位结合卫星地图的方法进行现场查勘，两天内完成了700余亩污染耕地、林地的统计。同时，理赔人员多次与当地农户沟通，12天内达成赔付意向，支付公众责任险赔款508万元，得到了农户与政府部门的好评。

第三节　职场"小白"看保险

一、工资单中的社保

小保、小融毕业后顺利入职某科技企业，刚刚拿到第一个月的工资，几个同学

相约一聚，席间第一个月的工资成了大家热议的话题。

[小保] 这个月我拿到第一笔工资，很开心啊。

[小融] 那是当然，不过扣了700多元的费用，实际到手的收入少了一部分。

[小保] 我也是，扣款主要是单位代扣代缴的社保部分，虽然扣了不少，但心里还是挺高兴的。

　　社会保险①是以政府为主体，以法律为基础，在权利与义务的一致性原则下，通过政府、企业、劳动者个人的共同筹资，为劳动者个人及其家庭提供经济收入补偿，使其能够在医疗、疾病、伤残、生育、失业等风险造成的社会生活问题面前仍然能够维持基本生活，以保障社会安定与持续发展的社会互助制度。作为社会保障体系的重要组成部分，社会保险在整个社会保障体系中居于核心地位。"五险一金"（养老、医疗、失业、工伤、生育与住房公积金）中的"五险"均属于社会保险。②

　　《中华人民共和国劳动法》规定，用人单位和劳动者必须依法参加社会保险，缴纳社会保险费；其中，第一百条规定用人单位无故不缴纳社会保险费的，由劳动行政部门责令其限期缴纳；逾期不缴的，可以加收滞纳金。

　　《社会保险法》第五十八条规定，用人单位应当自用工之日起三十日内为其职工向社会保险经办机构申请办理社会保险登记；未办理社会保险登记的，由社会保险经办机构核定其应当缴纳的社会保险费。

　　综上所述，企业在试用期期间也必须为员工缴纳社保。这一点大家在找工作的时候要多多留意。

　　小贴士：以我国城镇职工基本医疗（以下简称社保医疗）保险制度为例：

---

① 史柏年.社会保险概论[M].北京：高等教育出版社，2006.

② 北京市人力资源和社会保障局 http：//rsj.beijing.gov.cn/xxgk/zcwj/202106/t20210618_2416214.html.

怎么交：社保医疗保险费由用人单位和职工个人共同缴纳。

怎么分：用人单位所缴纳的医疗保险费用于建立社会统筹基金，这部分基金主要用于支付参保职工住院和特殊慢性病门诊及抢救、急救。

个人缴纳的医疗保险费与单位缴纳保险费中的一部分（约为30%，各地政策略有差异）及上述费用产生的利息构成了社保医疗的个人账户，个人账户资金主要用于支付参保人员在定点医疗机构和定点零售药店就医购药中符合规定的费用。个人账户资金用完或不足部分，由参保人员个人用现金支付，个人账户可以结转和依法继承。

怎么报：发生的医疗费用，在基本医疗保险起付标准以上、最高支付限额以下，且符合规定的，在社保医疗中予以报销一定比例，其中个人也要按规定负担一定比例的费用。

特别说明：参加基本医疗保险的单位及个人，必须按时足额缴纳基本医疗保险费和大额医疗保险费，才能享受医疗保险的相关待遇。

［小融］　700多元呢，心里还是有些心疼，你看（见表6-1）。

表6-1　小融第一个月的工资

期间	姓名	基本工资	补贴	应发合计	养老保险（个人）	医疗保险（个人）	失业保险（个人）	个人所得税	扣款合计	实发工资
D8	小融	7000	0	7000	560	142	35	37.86	774.86	6225.14

［小保］　可千万别心疼这个扣款，这其中的每一项都关系着咱们的切身利益，就说这个"医疗保险"吧，也就是我们前面提到的社会保险中的医疗保险。前几天我给姑姑去办理出院手续，2万多元的住院费，因为姑姑有这个保险，直接通过社保卡结算了1万多元的费用，我们自掏腰包的还有不到1万元。

你看这是我了解的北京社保医疗报销政策（见表6-2）。[①]

①北京市医疗保障局官网：http://ybj.beijing.gov.cn/2020_zwfw/2020_bmcx/202004/t20200409_1798870.html.

表6-2　北京市基本医疗保险医疗费用报销比例一览表

		参保人员类别		起付线	封顶线 本市社区	报销比例（%）		
						其他定点		
城镇职工	门诊类	在职		1800	2万	90	70	
		退休	70岁以下	1300		85		
			70岁以上			90		

		参保人员类别	起付线	报销比例			
				医疗费用金额（元）段	一级医院（%）	二级医院（%）	三级医院（%）
城镇职工	住院类	在职	本年度第一次住院1300元，第二次及以后每次650元	1300~3万	90.0	87.0	85.0
				3万~4万	95.0	92.0	90.0
				4万~10万	97.0	97.0	90.0
				10万~50万	85.0		
		退休		1300~3万	97.0	96.1	95.5
				3万~4万	98.5	97.6	97.0
				4万~10万	99.1	99.1	98.5
				10万~50万	90		

[小融]　哦，社保报销之后，还是会有自费费用的。

[小保]　是啊，另外你发现了吗，从社保报销政策看，就诊医院级别越高，自费的比例也会越高。

　　社会保险中的基本医疗保险主要包括城镇职工基本医疗保险（社保医疗）、居民基本医疗保险及新型农村医疗保险三大类型。

　　《社会保险法》第三条明确规定，社会保险制度坚持广覆盖、保基本、多层次、可持续的方针，社会保险水平应当与经济社会发展水平相适应。

透过社保医疗我们也可以感受到社保保基本、广覆盖，"保"而不包的特点，所以，在保障的深度和保障的额度上都会有一定的限制。随着收入的增长和人们对美好生活的不断追求，人们对获取更高、更全面的保障需求也会日益增强，这部分需求则可以通过商业保险来实现。

以医疗为例，社保医疗提供的是最基本的医疗保障，对用药、治疗项目和服务范围均有明文规定，遵循公平性原则。而商业医疗保险是以被保险人身体的健康状况为基本出发点，以对被保险人因疾病或意外伤害造成的医疗费用和收入损失进行补偿为目的的医疗保险，它可以给不同诉求的投保人定制个性服务。

做个形象的比喻：社保负责吃穿不愁，商业保险则负责吃好穿好，因此"社保+商保"可以满足不同的人对保障的不同需求，作为完备的人生保障计划，"社保+商保"的模式是对人生最好的呵护。

二、"入手"第一份保单

[小保] 姑姑这次住院发生的自费费用就是社保医疗之外的费用,也将近1万元了。从这次经历中,我也开始思考如何通过商业保险来转移风险的问题。想趁现在年轻,保费不很高的时候,补充一些健康保险。

[小融] 那你有什么想法了吗,说来听听?

[小保] 目前我正在关注重大疾病保险和报销型医疗保险,以现在的收入来支付保费的话,重大疾病保险恐怕只能购买10万元左右的保额,而报销型医疗保险,例如百万医疗保险、普惠健康保等,不仅不限制疾病种类,而且保费相对较低,几百元可以买到几百万元的医疗保障,所以我想先从这类保险入手,解决看病就医的风险,然后再规划一下收入情况,增加一些重大疾病保险。

[小融] 我妈妈曾经给我买过一份重大疾病保险,保额是20万元,那时候我年龄小,所以保费也不高。等收入稳定下来,我要再给自己增加一些重大疾病保险的保额。听了你刚才的话,我还想给自己投保一份医疗保险,正好通过这张保单好好学习了解下健康保险知识,同时也可以用这份保单作为自己参加工作的一个纪念。

健康保险是商业保险的一大类别，是指由保险公司对被保险人因健康原因或者医疗行为的发生给付保险金的保险，主要包括医疗保险、疾病保险、失能收入损失保险、护理保险以及医疗意外保险等。

医疗保险，是指按照保险合同约定为被保险人的医疗、康复等提供保障的保险。其中，费用补偿型医疗保险，是指根据被保险人实际发生的医疗、康复费用支出，按照约定的标准确定保险金数额的医疗保险。定额给付型医疗保险，是指按照约定的数额给付保险金的医疗保险。

疾病保险，是指发生保险合同约定的疾病时，为被保险人提供保障的保险。

失能收入损失保险，是指以保险合同约定的疾病或者意外伤害导致工作能力丧失为给付保险金条件，为被保险人在一定时期内收入减少或者中断提供保障的保险。

护理保险，是指按照保险合同约定为被保险人日常生活能力障碍引发护理需要提供保障的保险。

医疗意外保险，是指按照保险合同约定发生不能归责于医疗机构、医护人员责任的医疗损害，为被保险人提供保障的保险。

目前，市场上常见的费用补偿型医疗保险主要包括由商业保险公司独立推出的百万医疗保险类产品，以及"政府+保险公司"联合推出的带有一定普惠性质的医疗保险产品，比如北京普惠健康保、成都惠蓉保和杭州市民保等。这类费用补偿型医疗保险，根据被保险人的年龄不同，年人均保费从几十元到千元，年最高医疗费用的报销限额可达几百万元，涵盖一般医疗保险金、重大疾病医疗保险金和重大疾病住院津贴保险金等；同时，此类产品还可附加重疾就医绿色通道和住院押金垫付等特色服务，我们可以通过各保险公司官方网站、官方客服电话和公司业务人员等渠道了解详细情况。

2020年，在《中共中央　国务院关于深化医疗保障制度改革的意见》中对构建"多层次"医疗保障体系做出进一步明确，将商业健康保险与基本医疗保险制度、企业补充医疗保险制度和慈善与医疗互助共同纳入医疗保障体系。如果说社保是国家提供的一份保障，是国家长治久安的重要手段；那么商业保险则是自己补充的一份安心，它是人生幸福无忧的智慧选择。

第四节　创业风险有保障

一、企业风险保障

[**主持人**] 大家好！欢迎大家参加我校70周年校庆活动，今天我们请来了小航先生与我们分享他的创业经历。

[**小航**] 各位老师、同学大家好！毕业后，受惠于国家和学校对于大学生创业的扶持，我和伙伴共同创办了5G物流仓储公司，为各大电商企业提供仓储、快递物

流、城市配送等一站式电商智能仓配服务，目前合作商户已有上千家。

[**主持人**] 在创业过程中，您遇到的最大的挑战是什么？

[**小航**] 最大的挑战是如何管理企业风险。在公司刚刚起步的时候，仓库意外起火，整体损失超过百万元，公司出现周转困难，无法经营下去，没想到购买的企业财产保险和利润损失保险，对我的火灾损失进行了及时理赔，帮助我的企业渡过难关，让我的企业得以继续经营。

[**主持人**] 企业财产保险？

[**小航**] 是的，企业财产保险①是指保险公司根据保险合同，对被保险人因保险标的遭受约定的自然灾害和意外事故造成的损失承担赔偿保险金责任的保险。企业财产保险承保范围较广，如房屋、机器设备、工具、仪器、生产用具、交通运输工

---

① 银保监会《关于应对暴雨灾害的保险消费提示（三）——如何应对企业受损风险？》，http://www.cbirc.gov.cn/cn/view/pages/ItemDetail.html?docId=357781&itemId=4100&generaltype=0.

具及设备、低值易耗品、原材料、半成品、在产品、产成品或库存产品、特种储备商品等都可以作为企业财产保险的保险标的。

[**主持人**] 财产保险可以赔偿您火灾造成的直接损失，利润损失也可以得到赔偿吗？

[**小航**] 是的，利润损失保险（也称营业中断保险）是对传统的财产保险不予承保的间接损失提供补偿。也就是说，利润损失保险[①]承保由于火灾等自然灾害或意外事故的发生，使被保险人在一个时期内，因停产、停业或营业受到影响所造成的间接经济损失，即利润损失和受灾后在营业中断期间所需开支的必要费用。利润损失保险通常作为附加险或特约保险项目，只有当企业投保足额的企业财产保险或机器损坏保险之后，保险人才负责赔偿因保险责任事故的发生导致企业遭受的利润损失。

[**主持人**] 原来保险在企业风险管理中也有这么重要的作用，可以帮助受灾企业及时恢复生产，将不确定的风险损失转化为固定的保险费支出。

[**小航**] 是的，创业之初都是从小微企业做起，作为自主经营、自负盈亏、自担风险的市场主体，经营过程中必将面临各种各样各方面的风险，都有可能给企业造成难以估量的损失。举例来说，海洋运输货物时遇到海啸，整船沉没；消费者使用产品过程中发生意外等情况，都是企业可能发生的风险事故。所以企业管理者，应当做好企业财产保险管理工作，为企业生产经营解除后顾之忧。

[**主持人**] 非常感谢小航先生与我们分享您的创业及企业管理经验。

1. 遭受灾害时被保险人是否需要施救？《中华人民共和国保险法》第五十七条明确规定，发生保险事故时，被保险人应采取必要的措施，防止或减少损失。也就是说，当遭受暴雨等灾害时，企业经营者负有施救义务。同

---

① 山西监管局《财产保险包括哪几类？》，http://www.cbirc.gov.cn/branch/shanxi/view/pages/common/ItemDetail_gdsj.html?docId=140879&docType=1.

时，企业经营者为防止和减少保险标的的损失所支付的必要的、合理的费用，由保险公司承担。

2. 货物运输保险①。承保货物在运输过程中因遭受自然灾害和意外事故所造成损失的一种财产保险。常见的货物运输保险包括水上运输货物保险、陆上运输货物保险、航空运输货物保险和邮包保险、管道货物运输保险、进出口货物运输保险等。

3. 产品责任险②。承保被保险人所生产、销售、修理的产品发生事故，造成该产品的用户、消费者或其他任何人的财产损失或人身伤害，依法应由被保险人承担的经济赔偿责任。

二、企业员工风险保障

场景描述

[**场景一**] 小航在公司听取公司汇报。

[**员工**] 领导好！这是上半年员工薪酬部分公司的财务支出报表，请您过目。

[**小航**] 好的。下半年员工薪酬部分预算，公司计划为全体员工购买企业补充医疗保险，更进一步地保障员工就医。

[**员工**] 好的，领导！但是企业补充医疗保险是什么？

[**小航**] 企业补充医疗保险③，是指在社会基本医疗保险基础上，由单位和个人共同建立医疗保险基金，对职工社会医疗保险不能负担的医疗费用给予全部或部分

---

① 山西监管局《财产保险包括哪几类？》，http: //www.cbirc.gov.cn/branch/shanxi/view/pages/common/ItemDetail_gdsj.html?docId=140879&docType=1.

② 山西监管局《财产保险包括哪几类？》，http: //www.cbirc.gov.cn/branch/shanxi/view/pages/common/ItemDetail_gdsj.html?docId=140879&docType=1.

③ 杨素芬.北京市企业补充医疗保险运行研究[D].北京:中国人民大学，2005.

经济补偿的互助共济行为。

[员工] 明白了，我这就去准备。

[小航] 别着急，既然要开会讨论，你顺便准备一下企业年金的材料吧。

[员工] 企业年金又是什么？

[小航] 企业年金[1]，是指在政府强制实施的基本养老保险制度之外，企业根据自身经济实力自愿建立的一种补充养老保险制度，由企业和职工按比例共同缴纳保险费用。企业年金与"基本养老保险""个人储蓄性养老计划"共同构成养老保险体系的三大支柱。

[员工] 我们公司员工的福利随着公司的发展壮大稳步提升。

[小航] 我们公司目前正值转型升级，需要大量的人才引入，企业补充医疗保险与企业年金都是公司吸引人才的重要举措，在我国现有的社会保障、税收等制度的框架下，它在降低企业成本，激励员工等方面的优势仍然是企业提高自身竞争能力、实现人力资源优化配置的良好市场工具。

[员工] 好的，我马上去准备相关材料。

(路人丙)

---

①宁波监管局《〈保险创新工作简报〉（第10期）：创新企业年金运作模式，助推人才强市战略实施——关于建立宁波市人才集合年金的设想》，http://www.cbirc.gov.cn/branch/ningbo/view/pages/common/ItemDetail.html?docId=426030&itemId=1137&generaltype=0。

保险小课堂

职工在什么情况下可以领取企业年金?

根据《企业年金办法》的规定，职工在达到国家规定的退休年龄、完全丧失劳动能力、出国（境）定居时，可以领取企业年金；职工或者退休人员死亡后，其企业年金个人账户余额可以继承。

场景描述

［场景二］小航公司员工在配送途中受伤，小航去医院慰问。

［小航］你好！身体恢复得怎么样了?

［员工］感谢领导的关心，已经好多了，很快就能出院。

[小航] 你放心治疗，目前有什么困难吗？

[员工] 没有什么的。

[小航] 治疗的费用你不用担心，我们公司有非常完善的福利机制，公司每年都会为员工投保相应的保险。

[员工] 有哪些保险？保障内容又是什么呢？

[小航] 比如雇主责任保险①，当被保险人（即雇主）所雇用的员工在受雇期间从事与保险单所载明的与被保险人的业务有关的工作时，因遭受意外事故而受伤、残疾、死亡，或患有与职业有关的职业性疾病，根据法律或雇佣合同应由被保险人承担的经济赔偿责任。雇主责任险特别适合于我们中小型企业，用于保证企业财务安全，弥补工伤保险的不足，降低企业用工风险。

[员工] 有保障我就更放心了。

[小航] 你安心养病，保留好看病的相关单证，后续交到公司人力资源部，由公司统一办理保险理赔。

[员工] 好的，谢谢领导！

1. 什么是职业病？根据《中华人民共和国职业病防治法》，职业病是指企业、事业单位和个体经济组织等用人单位的劳动者在职业活动中，因接触粉尘、放射性物质和其他有毒、有害因素而引起的疾病。职业病的分类和目录由国务院卫生行政部门会同国务院安全生产监督管理部门、劳动保障行政部门制定、调整并公布。

---

① 山西监管局《财产保险包括哪几类？》，http://www.cbirc.gov.cn/branch/shanxi/view/pages/common/ItemDetail_gdsj.html?docId=140879&docType=1.

2. 雇主责任险、团体意外险和社保工伤保险的区别（见表6-3）[①]。

表6-3 雇主责任险、团体意外险和社保工伤保险的区别

险种	雇主责任险	团体意外险	社保工伤保险
保险性质	自愿性商业责任保险	自愿性商业人身保险	强制性社会保险范畴
被保险人	雇主	雇员	雇主
保险责任	工伤事故、视同工伤类型和职业病	意外事故	工伤事故、视同工伤类型和职业病
赔偿项目	死亡、疾病、职业病、医疗费用、误工费、法律费用	死亡、残疾、意外医疗、住院津贴	死亡、残疾、职业病、医疗费用、伤残津贴、护理费
计算与赔偿依据	以雇员的工资收入或赔偿限额计收保费并确定赔偿依据	保险双方事先商定的保险金额作为计算保险费和给付保险金的依据	本单位职工工资总额赔偿标准由条例根据职工工资的一定倍数确定
目的	保障雇主权益	保障雇员本人及其家庭	保障社会劳动者权益

第五节 家庭保障巧规划

一、生财有道——年金保险

23岁的小京大学毕业通过3轮面试进入了央企，工作1年后遇见了自己的另一半并走入人生的婚姻阶段，婚礼当天收到了母亲准备的一份厚礼，是一张能够保障小京未来生活的保单。

[**小京妈妈**] 孩子，这是在你13岁时妈妈为你配置的一份商业保险，现在作为新婚礼物送给你。

---

① 人保财险江西省分公司责任险部《雇主责任保险交流资料》。

［小京］商业保险？您可真是我亲妈，未雨绸缪10年之久，这到底是一份什么样的礼物啊？

［小京妈妈］它是一份年金保险，妈妈作为投保人每年交费，现在已经交完了，每年都会有一笔钱积累着，在你上大学期间，妈妈把年金险当时累计的钱取了出来，作为你上学时的教育费用。妈妈现在把这份年金保险交给你，从你成年到现在又积累一笔钱了，作为你的婚嫁金和创业金。另外，这份年金险可以陪伴被保险人也就是你到终身，代替妈妈来守护你，让你在人生的不同阶段都能得到经济上灵活的支持。

1.年金保险①，是指投保人或被保险人一次或按期交纳保险费，保险人以被保险人生存为条件，按年、半年、季或月给付保险金，直至被保险人死亡或保险合同期满。

2.年金保险的特征：资金安全、收益稳健、流动适中和长期存续。

二、出行保障——机动车险

小京在离家较远的央企银行上班，计划为自己配置一辆小轿车提升幸福感，节省路上的时间，能够多与家人相处，在4S店购车时销售人员推荐了车险。

［销售］国家规定所有上路的机动车都必须投保《机动车交通事故责任强制保险》（以下简称交强险），否则一旦被交警抓住，除了要扣车补上交强险外，还要处以保费两倍的罚款呢。

［小京］这么严格啊？好的，那就正常办手续就行。一般赔付限额是多少呢？

［销售］被保的机动车在交通事故中分有责任赔偿限额和无责任赔偿限额，当您

---

① 何盛明.财经大辞典[M].北京：中国财政经济出版社，1990.

有责任时，赔付限额为20万元；当您无责任时，赔付限额为1.99万元，您放心，所有具有交强险经营资格的公司都能投保交强险，所以踏实买。

1. 机动车辆保险（以下简称车险）种类。

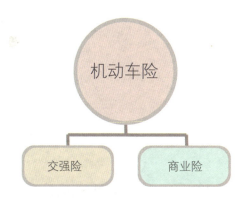

差别

交强险：是强制保险，车辆所有者必须投保，否则会对车主采取行政处罚。

商业险：自愿参加，可以选择保险种类，不得行政干预。

2. 机动车交通事故责任强制保险责任限额。机动车交通事故责任强制保险[1]是指由保险公司对被保险机动车发生道路交通事故造成本车人员、被保险人以外的受害人的人身伤亡、财产损失，在责任限额内予以赔偿的强制性责任保险。

---

① 《机动车交通事故责任强制保险条例》。

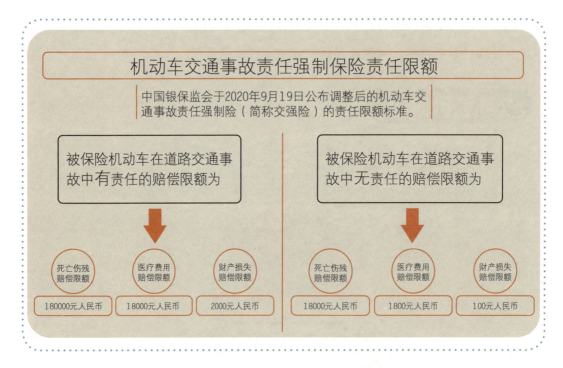

[小京] 您这么说我就放心了，那我的车只买交强险够吗？如果车辆本身受损或者车上人员发生意外怎么办？

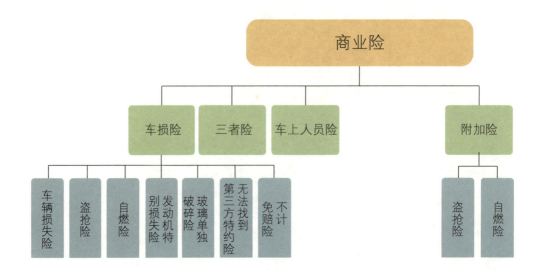

[销售] 除了交强险，您还可以选择购买商业险，商业险能为您的爱车提供更全面的保障。商业车险包括车辆损失保险、第三者责任保险、车上人员险和许多附

加险等①，您可以根据需求购买。

[**小京**]　好嘞，那咱们北京有什么特别的业务吗？

[**销售**]　有呀，咱们北京地区有"互碰快赔"机制。

1. 北京银保监局和北京交通管理局共同指导北京保险行业协会，推出交通事故"互碰快赔"机制，并于2019年12月18日起全面实施。该机制有助于交通事故快速处理，减少事故双方等待时间以及占用道路时间，使车险理赔更加便捷。

双车事故"不相约、不同时、不同地"定损理赔
2019年12月18日起全面实施
北京地区交通事故"互碰快赔"

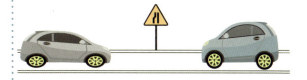

2. "互碰快赔"机制一般需要满足以下条件：

（1）事故案件属于保险合同约定的保险责任范围。

（2）事故属于双车事故，无人伤及物损，事故车辆可自行驶离，事故双方对于责任认定无争议的一方全责、一方无责案件。

（3）全责方须在京投保交强险及商业三者险。

----

①云南保监局http：//www.cbirc.gov.cn/branch/yunnan/view/pages/common/ItemDetail_gdsj.html?d-ocId=43249&docType=1.

（4）事故双方需提供事故现场影像记录。

交通事故"互碰快赔"适用条件

1 属于保险条款约定的保险任务范围

2 双车事故，无人伤无物损车辆可驶离，一方全责一方无责且无争议

3 全责方须在京投保交强险及商业三者险

4 双方需提供事故现场影像记录

3. 北京地区发生符合快速处理的双车事故时，拨打保险公司电话并上传证据，待责任认定后，双方无须再约定时间地点共同去保险公司网点定损，而是可以各自定损、修车、由责任方保险直接赔付，最快仅需3天结案。

双车事故"不相约、不同时、不同地"定损理赔

双车各自拍摄取证 → 双车各自定损维修 → 双车各自理赔领款

赔款领取

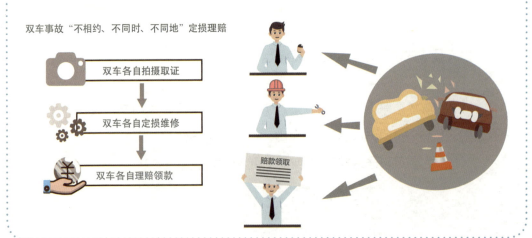

［小京］ 哦！挺不错的，那就办理手续吧，人无远虑必有近忧。

三、住得安心——"三险"共护

小京的爱情开花结果，准备贷款买房打造自己的小天地。这天他带上准备的资料，来到某银行办理贷款手续。

场景描述

[**场景一**] 小京手里拿着资料来到银行柜台办理贷款手续，在柜台窗口跟经理沟通了解情况。

小京翻看资料，发现个人抵押贷款房屋综合保险的资料。

[**小京**] 咦，这是什么？

[**经理**] 这是一份个人抵押住房综合保险，对于购买的客户来说主要是为了保证房屋作为抵押物的安全。举个最简单的例子，比如房子因为火灾、爆炸等，除地震之外的天灾人祸造成房屋损害了；或者发生极端情况，借款人因意外伤害导

致身故或者其他情况丧失还贷能力时，能够降低贷款风险，为客户和银行提供双重保障。

1. 抵押住房保险①是以公民个人用住房贷款购置的房屋为保险标的的保险险种。一般条款规定，被保险人为《个人住房抵押借款合同》项下的借款个人，也即凡符合中国人民银行《个人住房贷款管理办法》有关规定，向商业银行申请住房抵押贷款用于个人居住的借款个人均可参加本保险。

2. 个人抵押住房综合保险包括房屋保险和贷款保证保险，是既保房屋又保人的保险。房屋保险是针对房产的安全，如遭受火灾、爆炸、暴风等造成损失的赔偿。贷款保证保险则是被保险人在保险期限内因遭受意外伤害事故导致死亡或伤残，致使丧失全部或部分还贷能力，由保险公司向银行还款的保证保险。

场景描述

[小京] 原来是这样，那万一我真的出什么大事情了，就是由保险公司帮我把钱还给你们。那这不成了我买保险，你们受益吗？这份保险是强制购买的吗？

[经理] 首先这份保险绝不是强制保险，您可以凭自己的意愿来决定是否购买。从这个产品保障的内容和保险责任看，这份保障对家庭是有益的。主要保两个方面，一是对房屋的保障，二是还贷保障，如果房屋本身或还贷真的出现需要保险公司赔付的情况，房屋的所有权仍然是您的。

[小京] 嗯，我刚才简单看了下条款，还有几点拿不准，现在我们是要办理商业贷款，那这个保额是以我们剩余的贷款的金额为保额呢，还是房屋总款为保额啊；另外，如果我们提前还款了，那这个保单又怎么处理呢？

---

① 徐菲，段合军. 从抵押住房保险纠纷透视中国保险业[J].上海保险，2002（4）.

〔**经理**〕您的首付款本身就是您自己的钱，不存在风险，所以也就不用为自己已经支付的钱再买保证保险了，您只需要把您的贷款金额作为保额就可以了。如果您提前还了房贷的话，咱们可以办理直接退保，或者把受益人变更为您自己；或者直接转保成普通家财险。

〔**小京**〕要是这样的话，我们还是可以考虑的。老婆你看，这个保险虽然防范的是银行的风险，但是细想想，它也有防范咱们家庭风险的功能，更何况将来如果提前还贷的话，也可以有多种处理方式。

〔**妻子**〕听你的，这也是咱们防范家庭风险的一部分内容。

〔**场景二**〕小京夫妻来到财产险公司和柜面服务人员在会客厅沟通家庭财产保险的情况。

房子虽然不是新房，但经过小京夫妇精心设计、装修也是让人眼前一亮，通过朋友推荐，决定购买一份家庭财产保险为这套承载着汗水和未来的房子保驾护航。

于是他们来到了财产险公司，准备咨询投保。

〔**小京**〕您好，我打算给我的家庭投保一份家庭财产保险，您能介绍一下吗?

〔**柜面服务**〕非常乐意，家庭财产保险是以有形财产为保险标的的一种保险，比如房子以及房屋内的财产，都是可以在约定范围内承保的。

〔小京〕对对对，就是这样的。其实我主要就是想保我的房子和家具，毕竟是老房子，我也担心将来如果因为漏水或者其他意外造成了损坏，那就得不偿失了。

〔柜面服务〕那家庭财产保险能够满足您的需求。您看，这几张图就是常见的责任，是不是新闻上时常报道的呢？

〔小京〕嗯嗯，确实是。

1. 家庭财产保险定义①：家庭财产保险是适用于我国城乡居民家庭的一

① 参考中国银保监会官网http://www.cbirc.gov.cn/branch/qingdao/view/pages/common/ItemDetail_gdsj.html?docId=59265&docType=1.

种财产保险，其承保责任范围与企业财产保险综合险的承保责任范围基本相同，即要承保因火灾或其他自然灾害和意外事故造成被保险人的财产损失。目前，我国家庭财产保险产品主要包括普通型家庭财产保险、家庭财产两全保险、投资保障型家庭财产保险和个人贷款抵押房屋保险。

2. 家庭财产保险常见保险责任：

（1）房屋及室内附属设备。

（2）室内装潢。

（3）室内财产。

（4）盗抢损失。

（5）现金、首饰盗抢损失。

（6）管道破裂及水渍损失。

（7）火灾、爆炸责任。

（8）管道破裂及水渍责任。

（9）物体意外坠落责任。

（10）意外搬迁、临时住宿。

（11）清除残骸费用。

场景描述

[**场景三**] 小京和妻子坐在家里的沙发上给财险公司打电话。

小京的妻子很喜欢小动物，于是在婚后养了一只特别可爱的布偶猫，妻子与小京商量想给它上一份宠物保险，于是小京拨打了某财产险公司的客服专线。

[**小京**] 您好，请问有可以给宠物上的保险吗？

[**客服**] 您好，很高兴为您服务，十分感谢您想要选择为宠物投保保险。请问有什么可以帮您？

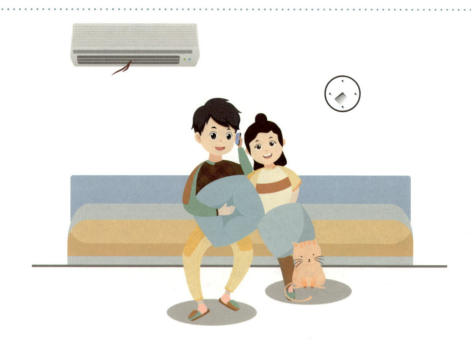

[小京] 是这样，我们家院子里的小朋友和一只缅因猫玩耍，可能是因为彼此不熟悉，玩耍期间发生了抓扯，孩子被猫抓伤了，伤得挺严重，父母和猫主人已经带他去了医院，看着就心疼，这种事儿我觉得随时都可能发生，所以想给我们家猫上一份宠物保险来规避风险提供保障。

[客服] 好的，我听明白您的需求了，像这种情况宠物造成第三者人身伤害，我们是有这样的产品来提供保障的。

[小京] 那太好了，有这样的产品我就放心了，我购买的时候再详细了解。

宠物保险①是指投保人根据合同约定，向保险的宠物支付保险费，保险

---

① 中国银保监会官网http://www.cbirc.gov.cn/branch/qingdao/view/pages/common/ItemDetail_gdsj.html?docId=59246&docType=1.

人对于合同约定的可能发生的事故因其发生所造成的宠物伤害或丢失，或者当被保险的宠物死亡、伤残、疾病或者达到合同约定的年龄、期限时承担给付保险金责任的商业保险行为。

宠物保险常见责任：

1. 不同保险公司针对宠物保险责任不同。根据不同保障目的，宠物保险一般有两种职责，第一种是针对宠物可能存在对人以及财物造成风险的责任保险，在保险期间内，因被保险人合法拥有的宠物造成第三者的人身伤害或财产的直接损失，依法应由被保险人承担经济赔偿责任，保险公司按条款规定在赔偿限额内负责赔偿。第二种便是针对宠物医疗的宠物医疗险，当宠物生病后，可以通过保险报销所花费的医疗费用。

2. 对被保险人经保险公司书面同意的因上述原因而支付的诉讼费用及其他费用，也负责赔偿。

第七章 当心别踩"陷阱"

第一节 身边的"陷阱"

我们先来看一个"欲通过刷单兼职赚钱，不料中了骗子的连环计，3个小时被骗5800余元"的故事：大学生余吉在QQ上加了一名自称为各大商城入驻商家刷销量赚佣金的客服人员"晓霞"。第一单刷单余吉轻松赚了6元，第二单接了一个号称佣金为28元的单，但这次没收到返款。"晓霞"借口余吉支付的488元只是第一单任务中的第一件，后面还有第二、第三件，都要支付。余吉从朋友那里借来了钱，将其余单子都拍下，共支付4360元。其间，"晓霞"不断发来身份证照片（假）、工作证（假）、公司信用代码（假）等消除余吉的顾虑，还不断让余吉通过到贷款平台借款、找亲戚朋友借款等方式继续做"任务"，并威胁说任务时间一到，将失去所有本金和佣金。最终"晓霞"借口余吉在任务过程中延时久，导致系统出单异常无法返现到账户。从当天上午11时30分，至下午3时20分，3个多小时，余吉被骗共计5808元。

学校是个小社会。当单纯的大学生，遇到狡猾的骗子，如何凭借一双慧眼，识破骗局呢？一方面，大学生可能会遭遇到犯罪分子直接以骗取钱财为目的的风险；另一方面也可能会遭遇到犯罪分子骗取学生个人金融信息的风险。我们一一道来。

校园诈骗常见类型及主要手段

校园诈骗之所以防不胜防，因为受害者大部分都是在校学生。学校相对来说是一个比较单纯的环境，这样一来就导致很多学生对骗子没有防备之心，在不知不觉中就陷入了校园诈骗。下面我们具体来讲一讲，大学生可能会遇到的几种典型的

"阴谋诡计"。

第一计，注销"校园贷"诈骗

犯罪分子冒充网贷、互联网金融平台工作人员，谎称学生开通过"校园贷""助学贷"等，接着以不符合当前政策为由，要求注销"校园贷"，骗取学生信任。最终诱骗学生在正规网贷网站贷款后转至其账户，从而骗取钱财。

第二计，网络游戏虚假交易诈骗

犯罪分子在社交平台发布买卖游戏装备、游戏账号的广告信息。诱导学生在虚假游戏交易平台进行交易，以"注册费、押金、解冻费"等名义支付各种费用。当学生支付大额费用后，再联系对方时，发现自己已被拉黑。

第三计，虚假购物诈骗

犯罪分子在微信群、朋友圈、网络购物交易平台上发布低价出售物品的信息。当学生发现低价销售的物品，与其沟通聊天时，对方会要求学生添加QQ、微信私下转款、扫码交易。犯罪分子会先让学生转款但不发货，还会编造收取运费、货物被扣要交罚款、收取定金优先发货等理由，一步步诱骗学生转账汇款，随后将学生拉黑。

第四计，冒充老师借钱诈骗

犯罪分子借用深受学生敬仰的老师的名义，打来电话或使用微信，借口需要垫支经费，骗取学生钱财。

第五计，微信发布虚假爱心传递诈骗

犯罪分子将虚构的寻人、扶贫帖子以"爱心传递"方式发布在朋友圈里，引起善良网民转发，帖子内留的联系方式打过去不是收费电话就是电信诈骗。

第六计，办理信用卡诈骗

犯罪分子通过各种渠道发布可办理高额透支信用卡的广告，部分学生急需消费而有办理信用卡的需要，一旦学生与其联系，犯罪分子则以"手续费""中介费""保证金"等虚假理由要求学生连续转款。

第七计，提供考题诈骗

犯罪分子针对即将参加考试的考生拨打电话，称能提供考题和答案，不少考生急于求成，事先将好处费的首付款转入指定账户，后发现被骗。

第八计，大学生兼职诈骗

很多大学生勤工俭学寻求兼职，但是有的网站或中介机构利用了这一点，骗大学生交押金、介绍费等，或者让大学生莫名其妙地注册到借款网站上。这种偷梁换柱的操作，让很多大学生都中招了。要注意，在找兼职过程中，如果遇到对方要求自己先交费用，一定要立刻拒绝，这种通常都是诈骗。

第九计，"代理退保"诈骗

近年来，"代理退保"现象呈现出高发趋势，从零散代理逐步转向公司化运作，地区范围日渐扩大。不法分子通过网络平台、短信等方式发布"可办理全额退保"的信息，怂恿、诱导消费者委托其代理"全额退保"并以此收取高额手续费，主要有以下表现形式：一是诈骗话术具有诱惑性，假冒保险机构客服，以"产品升级""赠送保障"等为由诱骗客户退保，并从客户处收取高额退保服务费；二是一些恶意代理投诉，从收取客户定金转为有偿邀约，表面通过利益诱惑教唆客户提交个人信息"维权"，实际将客户信息用于非法用途；三是打着为客户"修复征信"的幌子，收取高额佣金或发展"修复征信"下线，收取加盟费，实则进行诈骗。甚至有代理直接控制客户手机号、银行卡，阻断客户和银行机构或保险

公司的联系，切断消费者正常维权通道。上述相关行为不仅扰乱了保险市场正常经营秩序，还潜藏着较大违法违规风险，最终损害保险消费者的合法权益。2020年4月9日，中国银保监会发布了《关于防范"代理退保"有关风险的提示》。

第二节　一起学习"避坑"指南

阳光背后也会有阴影存在，大学生应该有眼光明辨风险，远避灾祸，识别是非。接下来我们一起聊聊如何"避坑"。

一、保护个人金融信息

（一）什么是个人金融信息①

依据《中国人民银行金融消费者权益保护实施办法》，个人金融信息，是指金融机构通过开展业务或者其他渠道获取、加工和保存的个人信息，包括个人身份信息、财产信息、账户信息、信用信息、金融交易信息及其他反映特定个人某些情况的信息。个人金融信息包括的范围如下：

个人身份信息包括个人姓名、性别、国籍、民族、身份证件种类号码及有效期限、职业、联系方式、婚姻状况、家庭状况、住所或工作单位地址及照片等信息。

个人财产信息包括个人收入状况、拥有的不动产状况、拥有的车辆状况、纳税额及公积金缴存金额等。

个人账户信息包括账号、账户开立时间、开户行、账户余额及账户交易情况等。

个人信用信息包括信用卡还款情况、贷款偿还情况以及个人在经济活动中形成的，能够反映其信用状况的其他信息。

个人金融交易信息包括银行业金融机构在支付结算、理财和保险箱等中间业务过程中获取、保存、留存的个人信息和客户在通过银行业金融机构及保险公

---

① 《中国人民银行金融消费者权益保护实施办法》。

司、证券公司、基金公司、期货公司等第三方机构发生业务关系时产生的个人信息等。

个人衍生信息包括个人消费习惯、投资意愿等对原始信息进行处理、分析所形成的反映特定个人某些情况的信息。

其他信息在与个人建立业务关系过程中获取、保存的其他个人信息。

（二）如何保护个人金融信息

一是切勿将自己的身份证件、银行卡等转借他人使用。

二是切勿向他人透露个人金融信息、财产状况等基本信息，也不要随意在网络上留下个人金融信息。

三是切勿委托不熟悉的人或中介代办金融业务，谨防个人信息被盗。

四是提供个人身份证件复印件办理各类业务时，应在复印件上注明使用用途，比如"仅供×××用"，以防身份证复印件被挪作他用。

五是不要随意丢弃刷卡签购单、取款凭条、信用卡对账单等，对写错、作废的金融业务单据，应撕碎或用碎纸机及时销毁以防不法分子捡拾后查看、抄录、破译个人金融信息。

六是不轻信来历不明的电话号码、手机短信和邮件。

七是不在社交平台上随意接收别人发来的图片、二维码、链接和APP，以防手机被木马病毒入侵。不要向任何人透露手机短信中的校验码、验证码等交易密码。

八是要在可靠的WiFi网络环境下进行网上支付，网购付款时使用正规工具，不要随意点击卖家发来的任何"付款链接"。

二、远离非法金融活动

近年来，一些不法分子打着"用明天的钱提前实现今天梦想"，在暗地里给众多缺乏社会经验的年轻人挖下了不可想象的"深坑"，也让越来越多青年学子深陷非法"校园贷""套路贷"等非法金融活动中。

案例

◗ **案例一：2000元的借款在一个月之内竟然变成了15万元**

2019年3月4日，四川省公安厅召开"反诈骗护万家"新闻通气会，凉山警方通报的一起"校园贷"诈骗案件引发普遍关注。在此案中被害人刘某借款的2000元在1个月期限内债务垒高至15万元，因无力偿还借款，其家人和同学每天的生活被骚扰电话、淫秽PS图片轰炸。经过凉山和浙江警方合作，一个校园诈骗团伙被成功打掉。

◗ **案例二：借款8万元，还了14万元后，还欠100万元**

云南某女大学生小梅3年前先后从60多个网贷平台上共借款8万元后导致债台高筑，拼命连本带息还款14万余元后，至今还欠下近100万元巨债。债台高筑的小梅无法按期偿还近100万元的巨债，平台便对其手机内存储的所有联系电话进行24小时不间断地拨打，搞得她的亲戚好友叫苦不迭。

类似于这样的案例还有很多，那么我们该如何远离这样的非法金融活动呢？

一是树立正确消费观念。管住手，不要买买买。网购很便利，但消费要适度，要知道心疼父母的血汗钱，合理安排生活支出，不要超前消费、过度消费，不要在吃穿用度上盲目攀比。要学会自律，才能拥有更幸福的人生。

二是借款找正规金融机构。银行业金融机构应在经营场所悬挂金融许可证，正规的金融机构会有固定的经营场所和联系方式，同时在当地工商部门注册，可登录当地工商部门网站确认机构注册情况。如果有陌生人打电话问你需不需要贷款，建议直接挂断。如果有借款需求，可去银行网点咨询、通过手机银行APP申请或拨打客服热线咨询。

三是珍惜信用。要养成好的信用习惯，维护好个人信用记录，按时足额还款，不恶意透支信用卡，不"以卡养卡"。如不按时归还借款，将影响个人征信，为今后的生活带来困扰。

四是看好个人信息。要增强自我保护意识，保护好个人及家庭的信息不外泄，不将自己的身份证、学生证借给他人使用，不将手机收到的动态验证码等信息告知他人。

五是通过办理助学贷款减轻经济负担。家庭经济困难的学生可以通过所在高校向银行申请办理助学贷款，这类贷款利率低、期限长，用于支付学费、住宿费和就读期间的基本生活费。

六是发生问题理性维权。如果不幸遭遇了不良"校园贷"，落入高利贷圈套，一定要保持理智，寻求正确的救济渠道，不要"以贷养贷"，更不要采取极端解决方式。要积极保留证据，保持与家长和学校的密切沟通，主动向公安、司法机关寻求帮助，借助法律手段维护自身合法权益。成长的脚步，不应被"青春债"绊倒。

三、正常金融活动中的注意事项

"三看"辨别正规金融机构：一看联系方式与经营场所。正规的金融机构会有固定的经营场所和联系方式，并非只有一个简单的贷款网站、一个微信号、QQ号或一串手机号码。二看前期费用和贷款利率。从贷款利率和前期费用来看，"无门槛、无利息"的贷款产品是不符合一般市场规律的，同时正规的金融机构在正式放款前是不会向借款人收取任何费用的。三看受理区域与营业执照。非正规金融机构一般声称"可办理全国业务"，这是异地行骗的一种手段。正规的金融机构会在当地工商部门注册，借款人可以登录当地工商部门网站确认机构注册情况。

第三节　如果"踩坑"怎么办

如果不小心"踩坑"了怎么办？我们千万别自乱阵脚，要学会用法律武器保护自身权益，寻求正确的救济渠道。那么，我们可以凭借的法律武器有哪些呢？

一、金融消费者八项权益

2015年11月13日，国务院办公厅发布了《关于加强金融消费者权益保护工作的指导意见》，明确了金融机构消费者权益保护工作的行为规范，要求金融机构充分尊重并自觉保障金融消费者的财产安全权、知情权、自主选择权、公平交易权、受教育权、信息安全权等基本权利，依法、合规开展经营活动。这是首次从国家层面对金融消费权益保护进行具体规定，强调保障金融消费者的八项权益。[1]

（一）保障金融消费者财产安全权

金融机构应当依法维护金融消费者在购买金融产品和接受金融服务过程中的财产安全。金融机构应当审慎经营，建立严格的内控措施和科学的技术监控手段，严格区分机构自身资产与客户资产，不得挪用、占用客户资金。

（二）保障金融消费者知情权

金融机构应当以通俗易懂的语言，及时、真实、准确、全面地向金融消费者披露可能影响其决策的信息，充分提示风险，不得发布夸大产品收益、掩饰产品风险等欺诈信息，不得作虚假或引人误解的宣传。

（三）保障金融消费者自主选择权

金融机构应在法律法规和监管规定允许范围内，充分尊重金融消费者意愿，由消费者自主选择、自行决定是否购买金融产品或接受金融服务，不得强买强卖，不得违背金融消费者意愿搭售产品和服务，或不得附加其他不合理的条件，不得采用引人误解的手段诱使金融消费者购买其他产品。

（四）保障金融消费者公平交易权

金融机构不应设置违反公平原则的交易条件，在格式合同中不得加重金融消费者责任、限制或者排除其合法权利，不得限制金融消费者寻求法律救济途径，不得减轻、免除本机构损害金融消费者合法权益应当承担的民事责任。

（五）保障金融消费者依法求偿权

金融机构应当切实履行金融消费者投诉处理主体责任，在机构内部建立多层级

---

① 国务院办公厅《关于加强金融消费者权益保护工作的指导意见》。

投诉处理机制，完善投诉处理程序，建立投诉办理情况查询系统，提高金融消费者投诉处理质量和效率，接受社会监督。

（六）保障金融消费者受教育权

金融机构应进一步强化金融消费者教育，积极组织或参与金融知识普及活动，开展广泛、持续的日常性金融消费者教育，帮助金融消费者提高对金融产品和服务的认知能力及自我保护能力，提升金融消费者金融素养和诚实守信意识。

（七）保障金融消费者受尊重权

金融机构应尊重金融消费者的人格尊严和民族风俗习惯，不因金融消费者的性别、年龄、种族、民族或国籍等不同而进行歧视性差别对待。

（八）保障金融消费者信息安全权

金融机构应当采取有效措施加强对第三方合作机构管理，明确双方权利与义务关系，严格防控金融消费者信息泄露风险，保障金融消费者信息安全。

二、理性维权三步走

如果消费者与金融机构发生纠纷，可通过理性维权三步走，保护自己的合法权益。

第一步，投诉。消费者在购买金融机构产品或享受服务过程中发生纠纷的，可以直接向金融机构进行投诉，主张民事权益。

第二步，调解。如果消费者未能与金融机构通过协商解决纠纷，可以向行业调解组织申请调解。

第三步，仲裁或诉讼。消费者如通过投诉、调解仍不能解决民事纠纷的，如果合同约定了相关仲裁条款，可以提请仲裁机构仲裁，或直接依法向人民法院提起诉讼。

三、保留金钱往来的相关凭证

保留办理业务中形成的相关资料，如合同等；保留双方信息、转账记录、银行流水以及凭证；如不幸遭遇了"套路贷""校园贷""高利贷"等非法金融活动，还要注意保留借贷双方往来短信、聊天记录、电话催收记录、证人证言、录音等相关证据。

第八章　清廉金融你我同行

金融连接着各部门、各行业、各单位的生产经营，联系着每个社会成员和千家万户，具有"牵一发而动全身"的特征。涵养"人人受益　人人参与"的清廉金融文化意义重大。

金融风险往往与金融腐败交织，为落实习近平总书记防范发生系统性金融风险、加大金融领域反腐力度的重要指示批示精神，北京银保监局认真落实银保监会党委和驻会纪检监察组有关工作部署，持续深化辖内银行业保险业清廉金融文化建设，形成了监管部门引领推动、金融机构探索实践、社团组织搭建平台和高校研究智库联动的四方协同工作格局，一体推进"不敢腐、不能腐、不想腐"机制建设，从根源上防治金融领域违纪违法犯罪行为。

第一节　做诚信守法的金融消费者

习近平总书记强调，青年的价值取向决定了未来整个社会的价值取向，而青年又处在价值观形成和确立的时期，抓好这一时期的价值观养成十分重要。这就像穿衣服扣扣子一样，如果第一粒扣子扣错了，剩余的扣子都会扣错。而在学校思想政治理论课教师座谈会上，习近平总书记指出，青少年阶段是人生的"拔节孕穗期"，最需要精心引导和栽培。大学阶段是"拔节孕穗"的重要一站，你们将从这里走出校门、步入社会。在这一性格品质定型的关键时期，"人生的扣子一开始就要扣好。"作为一名大学生要牢固树立正确的世界观、人生观和价值观，奉行"君子爱财　取之有道"，自觉抵制各种诱惑，对自己负责、对家庭负责、对企业负责、对国家负责。如果从事违法金融活动，极有可能使自己的"钱袋子"蒙受损失，甚至涉嫌违法犯罪。

> **案例一**

　　2021年7月，某市铁路公安处派出所民警在安检口执勤时，发现一乘客行李中携带有67张银行卡以及2台POS机。这引起了民警的警觉。于是民警将该乘客带到执勤室，发现其携带的银行卡中，有55张是其与其家人的，另外还有12张信用卡是其他人的。民警打开该乘客手机，发现关于这12张信用卡的套现记录，金额竟高达161万元。原来，该乘客在做电脑生意，因经营不善造成资金周转困难，情急之下便想到借信用卡进行高额套现。该当事人因涉嫌妨害信用卡管理罪①被采取刑事强制措施。

---

　　① 根据《中华人民共和国刑法》第一百七十七条的规定，妨害信用卡管理罪，是指违反国家信用卡管理法规，在信用卡的发行、使用等过程中，妨害国家对信用卡的管理活动，破坏信用卡管理秩序的行为。具体行为包括：（一）明知是伪造的信用卡而持有、运输的，或者明知是伪造的空白信用卡而持有、运输，数量较大的；（二）非法持有他人信用卡，数量较大的；（三）使用虚假的身份证明骗领信用卡的；（四）出售、购买、为他人提供伪造的信用卡或者以虚假的身份证明骗领的信用卡的。

● **案例二**

2020年1月，黄某和鄢某各自驾车在一路口发生了交通事故，保险公司支付理赔款1万余元。殊不知，这是一个精心策划的骗局。此前，鄢某到黄某的店里维修车辆，并表达了不想支付维修费的想法，两人一拍即合，黄某称可以制造一起交通事故，用保险理赔费用冲抵维修费。确定时间、地点后，两人驾车同行，并通过对讲机在车内互相联系，故意制造了一起交通事故，骗取保险金。黄某用部分保险金为鄢某修车，其他部分归自己所有。后经保险公司和交警大队查明真相，黄某和鄢某被以保险诈骗罪起诉。

第二节　做清廉合规的金融从业者

金融业是国家重要的核心竞争力，是国家安全的重要组成部分。金融腐败问题往往与金融乱象、市场风险、政治风险交织在一起，其造成的损失具有杠杆效应，所诱发的金融风险如扩散到实体经济，极易引发系统性风险。党中央高度重视金融领域反腐败工作，十九届中央纪委二次、三次、四次、五次全会均对此作出部署，

金融领域反腐持续加力，胡怀邦、孙德顺等一批违背党中央金融战略决策、大搞权钱交易的腐败分子受到严肃查处。毕业后，很多大学生都会进入金融行业工作。作为金融后备人才，增强干净做人、规范做事、遵纪守法的自觉性和拒腐防变的能力，关系着金融业的未来，对营造风清气正的金融从业氛围，构建清廉金融生态至关重要。

▶ 案例一

2021年8月，中国裁判文书网公布：因给某市涉黑组织名下空壳公司违法发放贷款4000万元，某股份银行市分行原副行长因受贿罪、违法发放贷款罪被判处有期徒刑8年，并处罚金43万元。判决书显示，该市分行原副行长先后收受涉黑组织所送的现金30万元、美元4万元，并利用职务上的便利，为涉黑组织控制的多个企业在贷款事项上牟取利益；在明知涉黑组织名下的某企业是空壳公司、不符合贷款条件的情况下，为该空壳公司审批发放贷款4000万元。

❯ **案例二**

　　某银行客户经理，名牌大学毕业后加入职场还不满一年，违规收取中介公司回扣。案发后，他被银行开除，本人和所在支行的负责人都被金融监管部门进行了行政处罚，同时相关线索被移送至司法部门，所有的经办、复核、审批的人都承担了相应责任。他与中介合作单笔收取佣金金额不到业务本金的1%，实际收受贿赂的金额比起最终的后果而言，教训深刻，代价沉重。

第三节　做廉洁奉公的金融监管者

　　金融监管者是金融安全的守夜人，是金融秩序的维护者和金融风险底线的捍卫者。监管者能否依规依纪依法正确履职，对强化金融系统管理、防范化解金融风险具有重要意义。一旦金融监管者滥用监管权力，就会严重扰乱金融秩序，甚至威

胁金融安全。近年来，少数金融监管干部同金融机构从业人员、不良企业主相互勾结，为牟取私利滥用监管权力，由秩序维护者沦为破坏者，严重损害监管权威性和严肃性。例如，有的监管人员收受被监管机构的贿赂，监管严重"放水"，成为重大风险事件的助推力量；有的利用监管权力收受私营企业主的财物，为不法金融行为"保驾护航"，蜕变成为监管秩序的破坏者。作为一名金融监管者，要时刻牢记职责使命，始终保持为民务实清廉的政治本色，严以律己、慎微慎独，为营造风清气正的金融政治生态贡献自己的一份力量。

案例

　　2020年1月2日下午，北京银保监局青年干部小焦在鼠标垫下发现两张面值1000元的购物卡。她满心疑惑，之前并没有人跟她提起这件事，这两张购物卡会是谁放的呢？来路不明的东西不能碰！她第一时间向上级报告了相关情况并上交购物卡。经排查确认，该购物卡系辖内某机构工作人员在送交业务申请材料时，趁其离开办公室之际放在鼠标垫下的。北京银保监局对涉事机构相关业务采取暂缓批复的监管措施，对该机构负责人进行了监管约谈，退还了购物卡并提出严肃批评，责令该机构内部作出深刻检查、彻底整改，要求对相关责任人员作出严肃处理。同时及时向辖内机构通报此次送卡事件的处置情况，要求各机构加强对所属员工的纪律教育和监督管理，严格约束规范员工行为，共同构建"亲""清"监管关系。这名青年金融监管干部教科书般的做法，不仅展现了金融监管干部时刻保持对纪律的尊崇和敬畏的意识，同时也是对行业清廉教育内化于心、外化于行的成果检验。在小焦的示范带动下，银保监会系统涌现出一批主动拒绝被"围猎""腐蚀"的先进典型。

　　"心不动于微利之诱，目不眩于五色之惑"。从小事小节做起，时刻绷紧纪律意识，坚守与被监管机构"零物质往来"的铁律，这是中国银保监会及其派出机构每一名工作人员的基本要求。"非淡泊无以明志，非宁静无以致远"，廉洁是我们每个人的立身之本和终身课题。作为中华民族伟大复兴事业的中坚力量，廉洁修身是新时代中国特色社会主义建设对青年学子提出的希望，也是时代赋予大学生的崇高历史使命。

红色金融史
RED FINANCIAL HISTORY

1932
- 中华苏维埃共和国国家银行在江西瑞金正式成立,同年印制出第一批苏区纸币。
- 中华钨矿公司成立,这是中国共产党建立的第一个国有营利性企业。

1935
长征开始后,苏维埃共和国国家银行被编入中国工农红军,利用货币的发行和回笼,帮助军队沿路筹款,活跃贸易,被称为"扁担银行"。

1937
兴县农民银行建立,后改为西北农民银行。

1938
- 晋察冀边区银行建立。
- 北海银行开业。

1954
设立中国人民建设银行,后更名为中国建设银行。

1955
中国农业银行成立。

1978
实行"对内改革、对外开放"。

1979
- 中国改革开放总设计师邓小平提出,"要把银行办成真正的银行"。
- 恢复重建中国人民保险公司。

1983
国务院作出《关于中国人民银行专门行使中央银行职能的决定》,决定中国人民银行专门行使中央银行职能。之后先后成立了中国农业银行、中国工商银行、中国建设银行四家国有专业银行。

1987
我国第一家专业证券公司——深圳经济特区证券公司成立。

1988
- 中国人民银行各省级分行及部分城市分行共组建33家证券公司。
- 深圳平安保险公司在深圳蛇口成立,后更名为中国平安保险公司。

1990
上海证券交易所开业。

1991
- 深圳证券交易所开业。
- 交通银行保险业务与银行业务分离,成立中国太平洋保险公司。

1992
中国证券监督管理委员会挂牌成立。

1922
安源路矿工人消费合作社成立,这是在中国共产党领导下创办的全国第一个工人消费合作社。

1924
衙前信用合作社创办。

1926
柴山洲特别区第一农民银行成立。

1928
- 海陆丰革命根据地就建立了劳动银行,使工农贫民在革命过程中有了借贷机构。
- 红军建立井冈山红军造币厂,铸造"工"字银元。

1939
冀南银行正式成立。

1945
淮南银行、淮北地方银号、江淮银行、盐阜银行、淮海银行5个地区性银行合并组成华中银行,总行设于江苏淮阴。

1948
- 晋察冀边区银行与晋冀鲁豫边区的冀南银行正式合并为华北银行。
- 中国人民银行成立,并发行第一套人民币。

1949
- 中华人民共和国成立。
- 中国人民保险公司成立,宣告了新中国国家保险机构的诞生。

1985
《保险企业管理暂行条例》,明确了多家保险企业经营保险业的思路。

1986
- 交通银行组建。
- 1986年以来,我国陆续建立12家股份制商业银行,即招商银行、浦发银行、中信银行、中国光大银行、华夏银行、中国民生银行、广发银行、兴业银行、平安银行、浙商银行、恒丰银行、渤海银行。
- 新疆生产建设兵团设立新疆生产建设兵团农牧业保险公司。
- 中国第一个证券交易柜台——上海静安证券业务部开张,标志着我国股票交易的开始。
- 邓小平会见纽约证券交易所董事长约翰·范尔霖,将一张上海飞乐音响股份有限公司的股票回赠给客人,国际社会因此发出了"中国与股市握手"的惊呼。

1999

— 颁布《中华人民共和国证券法》。

— 成立中国华融资产管理公司、中国长城资产管理公司、中国东方资产管理公司、中国信达资产管理公司四家资产管理公司，承接四家国有商业银行约1.4万亿元不良资产。

2001

中国加入世界贸易组织（WTO）。

2002

— 中国银联成立。

— 中国平安保险股份有限公司成立中国平安人寿保险股份有限公司和中国平安财产保险股份有限公司，并于2003年更名为中国平安保险（集团）股份有限公司。同年还批准了招商信诺人寿保险有限公司、恒安标准人寿保险有限公司、利宝互助保险公司重庆分公司等6家外国保险公司进入我国市场，批准美国友邦保险有限公司北京分公司、中宏人寿保险有限公司广州分公司 海尔纽约人寿保险有限公司等16个外资保险公司营业机构正式开业。

1993

中共中央、国务院出台《关于当前经济情况和加强宏观调控的意见》。

1994

中国3家政策性银行——国家开发银行、中国进出口银行、中国农业发展银行分别挂牌营业。

1995

颁布《中华人民共和国商业银行法》《中华人民共和国保险法》，分业经营、分业监管的金融格局基本形成。

1998

— 中国保险监督管理委员会挂牌成立。

— 1998年，从北京开始陆续出现了以城市名命名的商业银行，如北京银行、上海银行、江苏银行、南京银行等。还出现了农村中小银行机构，包括农村商业银行、农村合作银行、农村信用社等。

2003

中国银行业监督管理委员会正式挂牌成立。至此，我国"一行三会"的金融管理体制基本确立。

2005

中国建设银行在香港挂牌上市。

2007

中国邮政储蓄银行成立。

2009

— 跨境贸易人民币结算试点启动。

— 创业板正式启动。

2010

中国人民银行发布《非金融机构支付管理办法》《非金融机构支付服务管理办法实施细则（征求意见稿）》，第三方支付正式纳入监管体系。

2013

2013年被认为是中国互联网金融发展元年，以互联网支付、余额宝、P2P网络借贷、众筹融资等为代表的互联网金融快速发展。

2014

— 中国证监会与香港证券及期货事务监察委员会联合发布公告，原则批准上海证券交易所与香港联合交易所、中国证券登记结算公司与香港中央结算有限公司共同开展沪港股票市场交易互联互通机制试点（简称"沪港通"），并于11月17日正式开闸。

— 中国信托业保障基金有限责任公司成立。

— 鼓励和引导民间资本进入银行业，北京中关村银行、深圳前海微众银行、浙江网商银行等民营银行陆续成立。

2015

— 中国保险投资基金设立。

— 人民币跨境支付系统（CIPS）上线。

2016

— 《网络借贷信息中介机构业务活动管理暂行办法》发布。

— 人民币加入IMF特别提款权（SDR）篮子，是人民币国际化道路上重要的里程碑。

2017

习近平总书记提出"金融是国家重要的核心竞争力"。

2018

— 中国银行业监督管理委员会和中国保险监督管理委员会职责整合，组建中国银行保险监督管理委员会。

— 中国银保监会发布了《商业银行理财子公司管理办法（征求意见稿）》，允许商业银行下设理财子公司。

2021

北京证券交易所开市。